基础会计电算化实务

（第 2 版）

陈英蓉　主编

北京理工大学出版社
BEIJING INSTITUTE OF TECHNOLOGY PRESS

内 容 简 介

本教材共七章，介绍了会计电算化的基本概念，基础会计电算化实务的特征、内容和目标，会计电算化账务处理程序，实施会计电算化的基本要求，结合信息实用技术从最新的应用层面讲述了会计软件中账务处理子系统和报表处理子系统的完整操作过程和会计实务处理方法。编写本教材时，强化实务应用，以满足普通高等院校教学需要。因此，本教材注重教材的科学性和先进性，注重教材的基础性，注重教材的实践性，使教材做到"教师易教，学生乐学，技能实用"。

版权专有 侵权必究

图书在版编目（C I P）数据

基础会计电算化实务 / 陈英蓉主编. --2 版. --北京：北京理工大学出版社，2024.1

ISBN 978-7-5763-3435-7

Ⅰ.①基… Ⅱ.①陈… Ⅲ.①会计电算化-高等学校-教材 Ⅳ.①F232

中国国家版本馆 CIP 数据核字（2024）第 032966 号

责任编辑：申玉琴　　　**文案编辑**：申玉琴
责任校对：刘亚男　　　**责任印制**：李志强

出版发行 / 北京理工大学出版社有限责任公司
社　　址 / 北京市丰台区四合庄路 6 号
邮　　编 / 100070
电　　话 / （010）68914026（教材售后服务热线）
　　　　　　（010）68944437（课件资源服务热线）
网　　址 / http://www.bitpress.com.cn

版 印 次 / 2024 年 1 月第 2 版第 1 次印刷
印　　刷 / 三河市天利华印刷装订有限公司
开　　本 / 787 mm×1092 mm　1/16
印　　张 / 12.5
字　　数 / 294 千字
定　　价 / 75.00 元

图书出现印装质量问题，请拨打售后服务热线，负责调换知识来源于实践，能力来源于实践，素质更需要在实践中养成。实践教学锻炼的是学生理论应用于实际的能力，是创新型人才培养的重要途径。在应用型本科大力培养社会一线需要的有社会实践基础的高素质人才，这也是履行党的二十大报告"培养造就大批德才兼备的高素质应用型人才"精神的任务之一。

会计电算化是融会计学、计算机技术和信息管理学为一体的交叉学科。在整个社会都围绕着计算机技术这一中心转动、改造和演化时，会计领域将计算机技术用于会计工作已经成为历史的必然，现代会计学科的各组成部分必然产生与之相对应的电算化实务。例如：基础会计电算化实务主要对应基础会计中的设置账户、复式记账、填制和审核凭证、登记账簿和编制财务报表；中级会计电算化实务对应中级财务会计内容，即在会计信息系统中如何核算企业的货币资金，应收、应付款，投资，存货，固定资产，无形资产，非货币性资产交换，长、短期借款，应付职工薪酬，所有者权益，收入、费用和利润，以及编制财务报告；成本会计电算化实务对应成本会计内容，即在会计信息系统中如何归集和分配产品生产成本；管理会计电算化实务对应管理会计内容，即在会计信息系统中如何利用财务会计提供的财务数据和其他资料进行加工、分析和报告，使企业各级管理人员能据以对日常发生的各项经济活动进行规划与控制。

《基础会计电算化实务》（第 2 版）属于应用型本科财务管理、会计学专业精品系列规划教材。本教材是根据信息化时代教学改革需要，调整现行手工会计模拟实验知识结构和体系，充实内容、更新税率后编写的，能更好地供应用型本科经管类专业的学生使用，更好地适应项目教学法的授课要求。教材编写的目标是改变现有专业实践教材将各类知识点分开的现状，突出融简易理论教材的方式方法与实训教材于一体的综合性较强的实务综合应用型教材特征。本教材是与会计学基础内容相匹配的基础电算化实务，主要包括创建账套、系统初始化、日常账务处理、期末处理以及编制会计报表等。

编写本教材时，力争在适度的基础知识与理论体系覆盖下，强化会计实务训练，满足普通高等院校教学需要。因此，本教材有如下特色：第一，注重教材的科学性和先进性；第二，注重教材的基础性；第三，注重教材的实践性，使教材做到"教师易教，学生乐学，技能实用"。

本书由攀枝花学院陈英蓉主编，攀枝花学院刘欢、李权、胡遵程和王涓郦四位老师编写了附录：基础会计电算化实务综合案例，其余章节由陈英蓉编写。本书在撰写过程中参考引用了一些研究文献，且得到了用友公司和攀枝花学院各级领导的大力支持和帮助，在此，特向文献作者和各位领导致以衷心的感谢。

由于计算机信息技术是一个发展极为迅速的领域，而会计电算化理论框架和方法体系还处于逐步发展和不断完善的阶段，加上时间仓促、作者水平有限，书中难免存在错误和不妥之处，恳请使用本书的各位老师和同学，将你们所发现的差错、对本书的评论和意见，通过电子邮件发往 274267335@ qq. com。我们将不胜感激，并寄赠作者编著的其他电算化著作。

陈英蓉

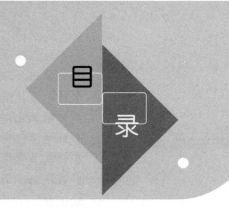

目 录

第一章　总　论

1. 掌握会计电算化的概念；了解会计电算化的发展历程、会计电算化与手工会计的异同点。
2. 掌握基础会计电算化实务的概念、特征、内容及目标，会计电算化账务处理程序。
3. 了解会计电算化信息系统内部控制，网络财务软件的发展对会计理论与会计实务的影响。

课程思政

现代技术在会计领域的应用促使数据思维方式和新型劳动形态成为现实，加速了会计管理思想或理念的应用进程。一方面，现代技术以其独特的优势提高了会计信息产生的效率和效果，减少了传统会计人员的需求数量，另一方面，将现代会计人员从繁杂的基础劳动中解救出来，更好地辅助企业经营管理决策。因此，要引导学生加强会计电算化相关知识的学习，提升专业胜任能力，促使学生以"古往今来"的勇气引领会计职业未来的巨大变革。

会计电算化是融会计学、计算机技术和管理信息学为一体的学科。在整个社会都围绕着计算机技术这一中心转动、改造和演进时，会计领域将计算机技术用于会计工作已经成为历史的必然，会计电算化已成为现代会计科学的重要组成部分。

第一节　会计电算化的概念

一、会计电算化的定义

（一）会计

会计是以货币为主要计量单位，采用专门的方法和程序，对企事业单位的经济活动进行全面、连续、系统、综合的反映和监督，向利益相关者提供有用的财务信息，参与经营管理，旨在提高经济效益的一项管理活动，是经济管理的重要组成部分。

（二）计算机

计算机俗称电脑，是一种用于高速计算的现代电子计算机器；既可以进行数值计算，又可以进行逻辑计算，还具有存储记忆功能，是能够按照程序运行，自动、高速处理海量数据的现代化智能电子设备。

（三）会计电算化

会计电算化的概念有广义和狭义之分。广义的会计电算化是指与实现会计工作电算化有关的所有工作，包括会计电算化软件的开发和应用、会计电算化人才的培训、会计电算化的宏观规划、会计电算化的制度建设、会计电算化软件市场的培育与发展等。狭义的会计电算化是将以计算机为主的当代电子和信息技术应用到会计工作中的简称。会计电算化主要是应用计算机代替人工记账、算账、报账，以及代替部分由人完成的对会计信息的处理、分析和判断的过程。

会计电算化是会计发展史上的一次革命，对会计工作的各个方面都将产生深远的影响。发展会计电算化，有利于促进会计工作规范化，提高会计工作质量，减轻会计人员劳动强度，提高会计工作效率，更好地发挥会计职能，为实现会计工作现代化奠定良好基础。

二、会计电算化的发展历程

"会计电算化"一词是1981年8月在长春召开的"财务、会计、成本应用电子计算机专题讨论会"上提出的。会上把计算机在会计中的应用简称为"会计电算化"，并解释为"由计算机代替人工记账、算账、报账，并能部分替代人脑完成会计信息的分析和判断的过程"。从此，会计电算化这个简单、通俗且颇富中国特色的概念在会计界广为传播，并深入人心。会计电算化是我国特有的专业称谓，它反映了在会计工作中以电子计算机取代手工处理会计数据的变化和特征。

从我国会计电算化工作的开展程度、范围、组织、规范、管理以及会计软件的开发等诸多方面进行分析，我国会计电算化大致经历了以下三个阶段。

（一）初始实验期（20世纪70年代末—80年代中期）

从20世纪70年代末到80年代中期，我国的会计电算化处于实验期。当时我国处于改革开放初期，工作重点是恢复、健全会计核算制度，对计算机应用还很陌生，设备和人才都很缺乏，宏观上也缺乏统一的规划与指导。开展会计电算化的单位大多是"盲目上马"，由于大多属于自行组织设计、开发会计软件，所以投资大、开发周期长、水平低。

（二）有序快速发展期（20世纪80年代后期—90年代中期）

随着会计电算化的逐步开展，对加强组织、规划、管理的要求越来越高。从20世纪80年代后期到90年代中期，我国会计电算化事业进入快速发展期。这一时期最有影响的事件之一是1989年12月财政部颁布了第一个会计电算化的法规文件《会计核算软件管理的几项规定（试行）》，为商品化会计软件的发展创造了稳定有序的环境，使基层单位的会计电算化工作有了明确的方向，促进了我国会计电算化事业大规模快速发展。

这一时期，开发系统的主要目的是替代手工记账、算账，减轻会计人员抄写、计算等烦琐的手工劳动；系统完成的主要功能是会计核算，一般由账务核算、工资核算、固定资产核算等子系统组成。因此，也称这一时期的会计软件为"核算型会计软件"。在这一时期，我国基层单位开始大量应用微机，会计软件的开发平台大多以微机上的 DOS、UNIX 操作系统为主，开发工具主要是 dBase、FoxBASE、Oracle 等，开发方法主要应用工程化的方法。

1994年，财政部颁发了一系列文件，明确制定了2000年要实现的会计电算化目标，以及会计电算化管理办法、商品化会计核算软件评审规则、会计核算软件基本功能规范、会计电算化知识培训管理办法等。宏观上的指导和政府的支持是会计电算化发展的保障，这一时期的会计电算化培训及学历教育广泛普及，会计电算化的教材也迅速推出。到20世纪90年代中期，我国已有几百万家大中型企事业单位在会计核算工作中使用了计算机。

（三）会计核算软件转型期（1996年以后）

随着我国市场经济体制的不断健全和完善，"核算型"会计软件不能满足企事业单位管理上的需求。中国会计学会"九五"科研规划将"适应企业会计转轨变型的要求，会计软件将由记账报账型转向经营管理型研究"列为主要内容之一。1996年4月在北京召开的"会计电算化发展研讨会"上正式提出了发展"管理型"会计软件。1998年6月，我国20多家著名的财务软件公司在北京联合发出了"向企业管理软件全面进军"的宣言。"管理型"会计软件的研究和企业管理软件的研究在我国拉开帷幕。

这一时期，会计核算软件的版本在升级，主要是从 DOS 平台升到 Windows 平台，会计核算软件的功能不断增强，增加了面向中层管理、提供辅助决策的功能。开发工具主要使用 FoxPro、Sybase、Oracle 等可视化编程工具。开发方法除了工程化方法外，还采用了面向对象的方法等。

由于信息技术和管理需求的不断发展，会计管理已经融入整个企业管理当中，会计电算化的内容也在不断扩充，管理功能在不断增强，而且已经紧密地融入整个企业的信息化进程中。会计电算化也不断地采用最新的信息技术，系统结构全面网络化，系统功能不断增强，我国会计电算化已由单项会计核算向全面会计核算、多维化、智能化发展。

会计电算化的发展离不开其依存的环境。由于我国经济体制、经济基础、文化教育水平、使用者的素质等各方面因素的关系，我国会计电算化的发展呈现出以下特点：第一，政府的宏观引导是我国会计电算化发展的重要推动力之一；第二，财务软件厂商的市场推广对我国会计电算化的发展起到了很好的拉动效用；第三，使用者的专业素质不高，专业化人才不足，管理信息系统作用未充分发挥。

三、电算化会计与手工会计的异同点

（一）两者的相同点

1. 目标相同

电算化会计与手工会计的最终目标都是通过会计信息处理实现加强经营管理、参与经营决策、提高经济效益的目标。

2. 遵守相同的会计规范及各项政策制度

电算化会计必须严格遵守手工会计所遵守的会计规范和政策制度，会计信息处理手段和工具的变化不能动摇会计处理的合法性和合规性。

3. 遵守相同的会计理论和会计方法

会计理论是会计学科的结晶，会计方法是会计工作的总结。电算化会计的实现虽然会引起会计理论与方法上的变革，但是这种变革是渐进的，而不是突变的，目前建立的电算化会计应当遵循手工会计的基本理论和方法。

4. 基本功能相同

无论手工会计还是电算化会计都有以下五方面的基本功能：①信息的收集与记录；②信息的存储；③信息的加工处理；④信息的传输；⑤信息的输出。

（二）两者的不同点

1. 运算工具不同

手工会计使用的运算工具是算盘、计算器等，计算速度慢、出错率高；电算化会计的运算工具是不断更新换代的计算机，数据处理过程由程序控制计算机自动完成，运算速度快、准确率高，并且可存储大量的运算结果。

2. 信息载体不同

在手工会计中，会计信息的载体是凭证、账簿和报表等纸质介质，这些会计信息不经任何转换即可查阅；而在电算化会计中，会计信息大多记录在U盘、硬盘等电子载体中，这些磁性电子介质中的会计信息是以肉眼不可见的形式存在的，如要查阅需在会计电算化信息系统中转换为可视文件。以电子载体记录和存储的会计信息具有体积小、查找方便、易于保管和复制迅速等优点；其缺点是很容易被删除或被篡改而不留痕迹，且电子介质容易损坏而导致信息丢失。因此，建立电算化会计必须解决好如何保证会计信息安全可靠等问题。

3. 会计信息的表示方法不同

在手工会计中，会计信息主要用文字和数字表示。而在电算化会计中，为了使会计信息更便于计算机处理，为了提高系统处理的速度和节省存储空间，也为了简化汉字输入，大量的会计信息要代码化。例如，常见的会计科目、部门、职工、产成品、材料、固定资产、主要客户或供应商等都需要用适当的代码来表示。会计信息代码化便于计算机进行数据处理，但不便于人们对会计信息进行阅读、理解和使用，因此，科学合理地进行代码设计是电算化会计设计的基本要求。

4. 信息处理方式不同

电算化会计改变了手工会计由许多人分工协作共同完成记账、算账、报账的工作方式。各种凭证一经输入，便由计算机自动完成记账、算账、报账以及分析工作，许多人分工完成的工作，均由计算机集中完成，账、证、表间的核对勾稽关系在计算过程中由程序自动给予保证。各类人员的工作内容也随之发生改变，工作变得简便，这使得会计人员有更多的精力从事分析和控制等财务活动。同时，由于计算机的信息处理速度比手工有很大提高，会计工作也由原来的核算型向管理型发展。

5. 内部控制制度和控制方法不同

在手工会计中，为了提高会计信息的准确性和可靠性，也为了查错防弊，加强财务管理，需要采用一系列内部控制方法，建立起一整套内部控制制度；其主要措施是通过会计人员之间的职责分离来实现相互牵制，并由人工完成各种检查、核对和审核等工作。在电算化会计中，由于会计信息由计算机集中化、程序化处理，手工会计中的某些职责分离，相互牵制的控制措施失去效用，同时，计算机电磁存储介质也不同于纸质载体，其数据容易被不留痕迹地修改和删除。因此，为了系统的安全可靠，为了系统处理和存储的会计信息的准确与完整，必须结合电算化会计的特点，建立起一整套更为严格的内部控制制度。这些内部控制措施除了包括有关电算化数据处理的制度、规定和人工执行的一些审核、检查外，还包括很多建立在应用系统中，由计算机自动执行的一些控制措施。

6. 信息输出的内容和方式不同

电算化会计所能提供的会计信息无论在数量上还是在质量上都远远优于手工会计。具体表现在：第一，利用计算机对会计数据进行批量处理和实时处理，大大地提高了会计信息处理的及时性，缩短了会计结算周期，可以做到日结算或周结算，从而及时地提高日报、月报、季报和年报的编制效率；第二，会计数据的集中管理可实现一数多用、充分共享、联机快速查询、远程信息交换和网上查询等；第三，通过建立数学模型辅助进行财务管理，全面开展财务分析、控制和预测及决策工作，突破手工处理的局限性，扩大了会计信息的运用领域，为会计信息的深加工和再利用提供更加广阔的前景。

7. 会计档案的保管形式不同

手工会计的会计信息是以纸质载体进行保存的；在电算化会计中，会计档案的保存方式变为以电磁介质为主、纸质介质为辅。因此，实施会计电算化不仅要建立纸质介质会计档案的管理制度，而且还要建立健全严格的数据备份、数据恢复等与计算机电磁存储介质相关的数据保管制度，并使会计资料保存的环境在温度、湿度等方面符合电磁介质的要求。

8. 系统运行环境要求不同

电算化会计所使用的计算机、打印机等精密设备，要求防震、防磁、防尘、防潮，所以系统运行环境必须保证计算机硬件的正常运行。

上述种种区别，就是由于电算化会计数据处理方式的改变，引起了手工会计各方面的变化，这一变化使得会计系统功能更为强大，结果处理更为合理，管理更为完善。

第二节　基础会计电算化实务概述

一、基础会计电算化实务的概念

基础会计电算化实务是在信息技术的基础上，集信息技术、会计专门核算方法与系统管理思想于一身，以系统化的财务管理思想，依据会计核算要求建立会计电算化账套、设置会计电算化基础档案，通过日常会计核算来确认、计量、记录和报告企事业单位等经济组织的财务状况、经营成果或现金流量，为其利益相关者提供决策需要的会计信息。会计电算化实务要求会计人员严格按照会计制度，定期对外提供一套通用的会计报告，该报告的会计信息应该真实、完整，以便外部信息使用者作出合理的投资、信贷等经济决策。

基础会计电算化实务为企业的管理活动提供基础数据；而管理会计电算化实务就是按照管理会计的理论与方法，利用会计电算化实务提供的会计数据，对企业经营活动进行决策、规划、控制和业绩考核。

二、基础会计电算化实务的特征

基础会计电算化实务是依据会计的专门核算方法，按照会计制度的要求在会计信息系统中处理会计业务。基础会计电算化实务是传统会计实务的电算化结果，因此基础会计电算化实务和传统会计实务相比较，既有共性，又有特性。基础会计电算化实务的特征主要体现在以下三方面。

（一）基础档案共享

会计电算化系统中的基础档案，如部门档案、职员档案、客户档案、供应商档案、存货档案等，可供所有的财务和业务系统共享。

（二）由确认、计量和报告等程序构成

会计电算化系统在对企业日常经济业务进行确认和计量后，再向企业利益相关者报告财务状况、经营成果和现金流量等。会计电算化系统可在用户需求不断变化的基础上对其报告的内容和形式进行调整，从而更加满足信息使用者的需要。

（三）遵循企业会计规范要求

会计电算化在进行相关实务处理时，应当遵循企业会计规范要求。会计规范是国家机构或民间团体所制定的会计法规、准则和制度的总称。因此，基础会计电算化实务在进行确认、计量和报告时，必须遵循会计实务处理的基本制度和具体准则。

三、基础会计电算化实务的内容

基础会计电算化实务的内容主要包括通过建立账套、参数设置、基础档案设置搭建会计电算化核算系统的基础平台，在总账系统对企业日常经济业务进行填制凭证、审核凭证和记账等处理，期末对自动转账业务进行处理并编制会计报表。

（一） 通用财务软件与专用财务软件

通用财务软件是不含或含有较少的会计核算规则与管理方法的财务软件，其特点是通用性强，成本相对较低，维护量小，且维护有保障，软件开发水平较高，开发者决定系统的扩充与修改，专业性差。

专用财务软件一般是指由使用单位根据自身会计核算与管理的需要自行开发或委托其他单位开发，专供本单位使用的会计核算软件。专用财务软件的特点是把使用单位的会计核算要求，如会计科目、报表格式、工资项目、固定资产项目等编入会计软件，非常适合本单位的会计核算，使用起来简便易行，但费用高，后期维护没有保障。

比较通用财务软件与专用财务软件的特点，考虑到各企业的实际情况，各企业大多是购买通用财务软件，通过参数设置将其转为适合本企业的专用财务软件。

（二） 设置基础档案

会计电算化系统通过设置部门、职员、客户、供应商、存货等公共基础档案，搭建可供所有的财务和业务系统共享的基础平台，这样有利于实现企业内部信息资源共享。

（三） 处理日常业务

基础会计电算化实务主要是在总账系统中，通过填制记账凭证将企业日常的资金筹集、物资采购、产品生产、产品销售等经济业务引起的财务情况变化录入系统中进行核算和管理。

（四） 处理期末业务

通过日常记录反映在分类账户中的一些交易与事项，有时会影响几个会计期间的经营绩效。而企业会计确认基础是权责发生制，它要求以权利和责任的发生来决定收入和费用的归属期；在会计实务中，通常需要将某一报告期内的全部收入与同期有关的全部费用进行配比，这就需要每个会计期末进行相关账项调整，即期末转账业务处理。

期末转账业务的处理，主要有借款利息的提取、费用的摊销与预提、制造费用的分摊、销售成本结转、汇兑损益和期间损益的结转等。这些期末转账业务可以通过在系统中设置账务公式提取各分类账相应的数据，并自动生成转账凭证来完成。

（五） 编制会计报告

会计报告是指以会计报表或其他会计报告的形式汇总确认企业的财务状况、经营成果和现金流量信息的过程。在会计电算化信息系统中，主要是通过编制会计报表取数公式来汇总各分类账的信息，从而向会计信息使用者提供有用的会计信息。

四、 基础会计电算化实务的目标

基础会计电算化实务的目标是通过搭建会计电算化核算的基础平台，使企业业务、财务基础档案共享，实现由电子计算机代替人工记账、算账和编制会计报表，提供符合国家宏观经济管理要求的会计信息，满足企业内部经营管理的基本需要，满足有关各方了解企业财务状况及经营成果的需要；促进会计工作规范化，提高会计工作质量，提高会计工作效率，更好地发挥会计职能，为实现会计工作现代化奠定良好基础。

第三节　会计电算化账务处理程序

一、传统会计账务处理程序

传统会计账务处理程序是指在会计循环中，会计主体采用的会计凭证、会计账簿、会计报表的种类和格式与记账程序有机结合的方法和步骤。由于账簿种类、记账程序和记账方法不同，传统会计账务处理程序分为记账凭证账务处理程序、科目汇总表账务处理程序、汇总记账凭证账务处理程序和日记总账账务处理程序。

（1）记账凭证账务处理程序是指会计主体发生的每项经济业务，根据原始凭证或原始凭证汇总表编制记账凭证，再直接根据记账凭证逐笔登记总分类账，并定期编制会计报表的一种会计核算程序。它的特点是直接根据每一张记账凭证逐笔登记总分类账，是一种最基本的账务处理程序，其他账务处理程序都是在此基础上发展演变而成的。

（2）科目汇总表账务处理程序是指根据原始凭证或原始凭证汇总表填制记账凭证，然后再根据记账凭证定期（或月末一次）汇总编制科目汇总表，最后根据科目汇总表登记总账，并定期编制会计报表的账务处理程序。

（3）汇总记账凭证账务处理程序是指定期把收款凭证、付款凭证和转账凭证按照账户的对应关系进行汇总，分别编制成汇总收款凭证、汇总付款凭证和汇总转账凭证，然后根据各种汇总记账凭证登记总分类账的一种账务处理程序。

（4）日记总账账务处理程序是指设置日记总账，根据经济业务发生以后所填制的各种记账凭证直接逐笔登记日记总账，并定期编制会计报表的账务处理程序。

二、会计电算化账务处理程序

随着社会的发展，企业的管理从原来的纵向一体化转为横向一体化，企业逐渐进行流程重组。会计业务流程重组是企业流程重组的重要组成部分，在会计业务重组中以财务业务一体化为导向，充分利用信息技术处理会计业务，即实施会计电算化。

会计电算化改变了原来的记账规则和组织结构。由于记录载体的改变，原来人工登记的账簿现在变为计算机登账，记账中如果出现了错误，原来的改正方法也不再适用。原来是以事物特征来划分组织结构和岗位分工，现在则是通过判断数据处理的形态来划分；改变了原来的人员组成和记账程序。

企业财务业务一体化发展是社会信息技术发展变化的重要体现。由于信息技术和经济的发展，会计信息处理系统随之改进，对信息的统筹程度越来越高，不断简化会计人员的工作内容，提高其工作效率。因此，企业会计业务流程的重新组合是适应社会经济发展和企业运转的需要。因此，会计电算化账务处理程序一般涉及以下几步。

第一步：依据 ERP 业务系统相关信息，或 ERP 系统外能证明企业经济业务发生的原始凭证，按照企业财务会计准则或会计制度确认和计量财务信息，完成记账凭证的填制和审核。

第二步：根据审核无误的记账凭证，指令计算机自动登记各种明细分类账、总分类账和日记账，自动汇总科目汇总表和汇总记账凭证。

第三步：根据总账和明细账编制会计报表。

对于非财务业务一体化的财务业务流程，会计进行业务处理的方式是根据会计规则加工并存储会计数据到数据库；而财务业务一体化主要实现了业务流程和会计流程的结合，在出现业务活动的情况下，存在大量的业务事件数据，这些数据将会被实时采集存储到业务数据库中，信息系统最大限度地存储与业务相关的各类信息，在信息使用者发出请求后，依照相关的规则处理数据，并按要求发送给使用者。

第四节 会计电算化信息系统内部控制

一、加强会计电算化信息系统内部控制的必要性

计算机在会计领域的广泛应用不仅改变了传统会计核算手段，使数据处理更快、更准确，而且节约了人力、物力，提高了会计工作效率。但会计电算化信息系统同时也改变了会计核算程序、数据存取方式和存储介质，改变了某些与审计线索有关的关键因素，对企业管理提出了更高的要求。为了保证会计信息的真实、正确、完整与及时，保证会计处理程序与方法符合国家会计制度的有关规定，保护企业单位财产的完整性，企业必须建立健全会计电算化信息系统内部控制制度。

（一）操作和存储形式变化加大了会计信息系统的风险

在手工会计信息系统中，会计人员之间很自然地形成一种相互制约、相互监督关系；会计核算信息记录在纸上，直观性较强，不同的笔迹也可作为控制的手段；记录在凭证、账簿、报表等纸质介质上的会计记录其勾稽关系较为明确。而在电算化信息系统中，易于辨认的审计线索，如笔迹、印章等已无处可寻；会计信息被存储在 U 盘、硬盘等电磁介质上，容易被改动且不易被发觉；电磁介质易损坏，会计信息存在毁坏或丢失的危险。

（二）内部稽核作用被削弱

在手工会计信息系统中，每笔业务操作都必须严格遵循监督制约机制，如业务经办与授权批准控制、收付款项与会计记录分离控制等，形成严密的内部牵制制度。实现会计电算化后，许多业务处理程序由计算机完成，一些内部牵制措施无法执行，导致内部控制程度降低，内部稽核的作用被削弱。

（三）会计工作质量依赖于计算机系统的可靠性和会计人员的操作水平

手工会计信息系统下，会计工作质量取决于会计人员的专业水平和职业道德水平。传统会计信息系统建立在大量实践的基础上，手工会计因此积累了丰富的实践经验，并形成一整套完整的管理制度。在会计电算化信息系统下，操作环境的改变使传统内部控制方法难以发挥作用，会计工作质量与计算机系统的可靠性、会计人员的操作水平关系密切。一旦系统由于自身或操作人员的失误而崩溃，就可能使会计工作陷入瘫痪。

二、会计电算化信息系统的一般控制

一般控制又称普通控制，包括组织控制、授权控制、职责分工控制、业务处理程序控

制、安全保密控制等。

（一）组织控制

组织控制即在会计电算化信息系统中，通过划分不同的职能部门实施内部控制，如将财务部门按照职能划分为系统开发部门和系统应用部门。

（二）授权控制

授权控制即通过限制会计电算化信息系统有关人员业务处理的权限，实施内部控制。如系统开发部门承担系统软件的开发和日常维护工作，不能运用软件进行日常业务操作；系统应用部门只能应用系统软件进行日常业务处理，不能对系统软件进行增、删、修改。有效的授权控制可以保证系统内不相容职责相互分离，保证会计信息处理部门与其他部门的相互独立，有效减少发生错误和舞弊的可能性。

（三）职责分工控制

职责分工控制即建立岗位责任制，明确各工作岗位的职责范围，切实做到事事有人管，人人有专责，办事有要求，工作有检查。应明确规定不相容职务相分离，如系统管理员、系统操作员、凭证审核员、会计档案保管员等职务不相容，必须明确分工，责任到人，不得兼任。

（四）业务处理程序控制

业务处理程序控制即通过明确有关业务处理标准化程序及相关制度，实施内部控制。如规定录入凭证必须有合法、合理、真实、有效的原始凭证，而且要手续齐全；记账凭证必须经审核后才能登账；录入人员不能进行反审核或反过账操作等。

（五）安全保密控制

安全保密控制即通过严格执行会计软件与数据的维护、保管、使用规程和制度，达到内部控制的目的。会计电算化信息系统中内部控制既要防止操作失误造成的数据破坏，也要防止人为有意的数据破坏。为保证会计软件与数据文件不丢失、不损毁、不泄露、不被非法侵入，可采取设置口令、密码，保存操作日志，对数据文件定时备份并加密等手段。同时，还要防止病毒对会计软件的破坏。

三、会计电算化信息系统的运行控制

运行控制是为了使会计电算化信息系统能适应电算化环境下会计处理的特殊要求而建立的各种能防止、检测及更正错误和处置舞弊行为的控制制度和措施，是为保证会计系统运行安全、可靠的内部控制制度和措施，其目的是确保会计数据的安全、完整和有效。运行控制又称应用控制，包括输入控制、处理控制、输出控制等。

（一）输入控制

输入控制的主要目的是保证输入数据的合法性、完整性和准确性。输入控制有以下几种：

（1）授权审批控制。为保证作为输入依据的原始凭证的真实、完整，在输入计算机前必须经过适当的授权和审批。

（2）人员控制。应配备专人负责数据录入工作，同时采用口令加以控制，并对每个会计软件用户建立详细的上机日志。

（3）数据有效性检验。包括建立科目名称与代码对照文件，以防止会计科目输入错误；在系统软件中设置科目代码自动检验功能，以保证会计科目代码输入的正确性；设置对应关系参照文件，用来判断对应账户是否发生错误；设置试算平衡控制，对每笔分录进行借贷平衡校验，防止金额输入错误。

（二）处理控制

处理控制的主要目的是保证数据计算的准确性和数据传递的合法性、完整性、一致性。处理控制主要针对业务处理程序、处理方法进行控制。

（1）业务处理流程控制。会计业务处理具有一定的时序性，如凭证在审核之前不能做登账处理，记账后才可以出报表等。通过对业务处理流程的控制，保证业务处理的正确性。

（2）数据修改控制。通过对数据修改过程的控制，防止业务处理的随意性，降低舞弊发生的可能性。如对于尚未审核的记账凭证，允许任意修改；但对已经审核的记账凭证，则不允许在原记账凭证上直接修改，以体现"有痕迹修改"的原则。对已结账的凭证与账簿，系统不提供更改功能；而且，记账凭证录入人员不能被授予反复核、反过账、反结账等操作权限。

（三）输出控制

输出控制的主要目的是保证输出数据的准确性、输出内容的及时性和适用性。常用的输出控制方法有：检查输出数据是否准确、合法、完整；输出是否及时，能否及时反映最新的会计信息；输出格式是否满足实际工作的需要；数据的表示方式等是否符合工作人员的习惯；只有具有相应权限，才能执行输出操作，并对输出操作进行登记，按会计档案要求保管等。通过这些输出控制方法，限制会计信息输出，保证会计信息的安全。

第五节 网络财务软件的发展对会计理论与实务的影响

会计系统是企业管理信息系统的子系统，互联网使会计系统的环境和内容都发生了深刻的变革，会计数据载体的变化使得会计系统可利用同一基础数据实现信息的多元化重组，从而为会计数据的分类、重组、再分类、再重组提供了无限的空间。

会计数据处理工具由算盘、草稿纸变为高速运算的计算机，并且可以进行远程计算。数据处理、加工速度成千上万倍地提高，不同人员、部门之间数据处理与加工的相互合作，信息共享不再受空间范围的限制，这种改变使会计人员从传统的日常业务中解脱出来，进行会计信息的深加工，注重信息的分析，为企业经营管理决策提供高效率和高质量的信息支持。网络财务软件的出现，不仅使会计信息的输入、输出模式由慢速、单向向高速、多向转变，而且还适应网上交易的需要，实现了实时数据的直接输入和输出。

一、对传统会计基本假设的影响

传统会计理论是建立在一系列假设基础之上的，它包括会计主体假设、持续经营假设、会计分期假设和货币计量假设。传统会计的基本假设适应传统社会环境，并为会计实践所检验，证明了其合理性，但是，随着网络财务软件的普及，以前会计假设所依据的环境发生了巨大变化。在新的环境下，会计假设势必面临挑战。

（一）对会计主体假设的影响

会计主体是指会计工作特定的空间范围，它为有关记录和报表所涉及的空间范围提供了基础，这个主体是有形的实体。网络公司存在于计算机中，它是一种临时性质的联合体，没有固定的形态，也没有确定的空间范围。网络公司是一个"虚拟公司"，它可以由各个相互独立的公司将其中密切联系的业务划分出来，经过整合、重组而形成，同时也可以根据市场或业务发展不断调整其成员公司。因此，企业在网络空间中非常灵活，会计主体变化频繁，传统会计主体在这种条件下就已经失去意义。所以，在互联网环境中对会计主体应该作出新的界定，或是对会计主体假设本身进行修改。

（二）对持续经营假设的影响

持续经营假设是指会计上假定企业将持续经营，在可以预见的未来，企业不会被清算或破产。在持续经营假设下，企业所持有的资产将在正常过程中被耗用、出售或转换，其所承担的债务也将在正常的经营过程中被清偿。在互联网环境下，会计主体十分灵活，存在的时间有很大的不确定性。"虚拟公司"可以随业务活动的需要随时成立，当该项业务活动结束或者需要调整该项业务时，"虚拟公司"可以随时终止，此时持续经营假设就不再适用。在传统财务会计中，非持续经营条件下应适用清算会计；在网络会计中，清算会计还是适用于非持续经营假设的，但是基于网络的复杂性，应该创建新的会计方法和体系。

（三）对会计分期假设的影响

会计分期假设是指为了在会计主体终止之前，能够向信息的需求者及时提供会计主体的财务状况和经营成果的信息，而人为地将会计主体持续不断的经营过程按照一定的时间间隔分割开来，形成一个个会计期间。计算机网络的采用，可以使一笔交易瞬间完成，网络公司可能在某项交易完成后立即解散。换言之，网络公司因某种业务或交易而成立，因某种业务或交易的完成而终止，其存在的时间长度伸缩性很强，在存在时间具有不确定性的情况下，尤其是在存在时间很短的情况下，要人为地将经营过程分开，不仅是一件很困难的事情，而且意义也不大。与此相对应，在会计分期假设下的成本、费用的分配和摊销，在网络会计中的必要性有多大，还值得进一步探讨。

（四）对货币计量假设的影响

货币计量假设是指会计核算以货币作为计量单位的假设。尽管会计数据不只限于货币单位，但传统会计报告主要包括以货币计量的财务信息。货币计量假设有三层含义：第一，货币是众多计量单位中最基本的计量单位；第二，货币价值稳定不变；第三，会计主体必须确定记账本位币。网络会计不会对货币计量假设造成大的冲击，互联网对这一假设主要表现为：由于互联网突破了时间和空间的限制，不同货币之间的交易变得非常容易，尤其在通过互联网进行跨国金融工具交易时，在传统会计中尚未得到很好解决的外币会计，在网络会计中应该可以得到较好的解决。

二、对传统会计实务的影响

网络财务软件应用下的网络会计对传统会计实务的影响十分广泛，例如权责发生制、历史成本、财务报告、会计职能、会计模式、会计核算手段等方面都会受到一定的影响。

（一）对历史成本的影响

历史成本原则是传统会计的一个重要原则，会计人员在进行资产计价时并不考虑资产的现时成本或变现价值，而是根据它的原始购进成本计价。因此，在会计记录和会计报表上反映的是资产的历史成本。历史成本由于客观、可靠而得到普遍采用。但是，历史成本所提供的信息对信息需求者缺乏相关性，在通货膨胀条件下，它受到了来自各方面的尖锐批评。在互联网环境下，这一原则受到更多的冲击。

首先，网络公司的交易对象大多是存在活跃市场的商品或金融工具，其市场价格波动频繁，历史成本信息不能公允地反映其财务状况和经营成果，与会计信息使用者决策相关性弱。其次，网络公司的解散可能经常发生，并且从成立到解散可能只有较短甚至很短的时间，在这种情况下，尽管历史成本计价的时点与清算时的时点相距不远，但此时已属非持续经营阶段，历史成本不能反映公司的现金流量信息。最后，历史成本是一种静态的计量属性，它对网络公司经营的反映是滞后的，公司管理当局无法根据市场变化及时调整经营策略，会计为企业提供决策支持的职能无法发挥出来。因此，无论是在传统会计中还是在网络财务软件应用下的网络会计中，一方面要继承历史成本计量的客观、可靠的优点，另一方面，要创建出新的计量方法，使之更好地在网络会计计量中运用。

（二）对会计报告的影响

会计报告由会计报表、附注及财务情况说明书组成，它包括定期报告和重大事项报告。会计报表提供可以用货币计量的经营信息。在传统会计中，会计报表是会计报告的核心；互联网在会计中的运用，使得会计数据的收集、加工、处理都可以实时进行，不仅快速，而且可以双向交流，会计信息的及时性得到极大的提高。甚至报表阅读者可以根据自身的需要，以会计的原始数据为基础进行再加工，获得更深入的信息。互联网是高科技的产物，并将日益成为人类经济生活中不可缺少的一部分。在以知识尤其是高科技为基础的知识经济社会，会计报告中包含的人力资源、环境保护等信息的重要性迅速提高，以前并不重要的信息或受成本效益原则约束无法披露的信息，都必须进行充分、及时的披露。由此，传统会计报表的结构和内容都需要进行较大的变革。在遵循原有会计报告制度的基础上，要增加对人力资源、环境保护等重要的信息在报告中的披露。

思考题

1. 简述电算化会计与手工会计的异同点。
2. 概述基础会计电算化实务的概念、特征、内容和目标。
3. 简述会计电算化的账务处理程序。
4. 论述网络财务软件的发展对会计理论与实务的影响。
5. 试论会计电算化未来的发展方向。

第二章　会计电算化基本要求

学习目的及要求

> 1. 了解会计电算化的基本法规制度以及会计电算化档案管理的基本要求。
> 2. 熟悉会计核算软件的基本要求和计算机代替手工记账的基本要求。
> 3. 掌握会计电算化岗位及其权限设置的基本要求。

课程思政

> 　　会计岗位可划分为若干具体的岗位，如总会计师、会计主管、出纳、财产物资核算、成本费用核算等岗位。要引导学生爱岗敬业，无论身处何岗，都要热爱本职工作，安心本职岗位，尽职尽责。

第一节　会计电算化法规制度

　　会计电算化是电子计算机在会计核算中的应用。由于会计电算化涉及两个行业的结合，因此对会计电算化的管理存在独特性，同时也有一定的难度。世界各国特别是发达国家对这一问题都比较重视，例如，美国注册会计师协会（AICPA）1976年就发布了管理咨询服务公告第4号《计算机应用系统开发和实施指南》；国际会计师联合会（IFAC）分别于1984年2月、1984年10月和1985年6月公布了三个有关会计电算化的国际审计准则。

　　我国政府对于会计电算化的管理也一直给予高度的重视，并且通过制度建设加强对其进行宏观管理。自20世纪80年代以来，我国相继颁布了不少法律、法规来规范管理会计电算化的各项工作。在1989--1991年，财政部先后制定了与会计电算化有关的管理文件。1994年6月，根据《中华人民共和国会计法》（以下简称《会计法》）的相关规定，财政部正式制定了《会计电算化管理办法》《会计核算软件基本功能规范》《商品化会计核算软件评审规则》等一系列法规，进一步加强了对会计电算化工作的管理，促进了我国会计电算化事业的健康发展。这些法规涉及会计核算软件的开发、评审、使用，以计算机代替手工记账的审批，会计电算化后的会计档案生成与管理等诸多方面，对单位使用会计核算软件、软件生成的会计资料、采用电子计算机代替手工记账、电算化会计档案保管等与会计电算化工作相关的内容均作出了具体的规范。

一、《会计法》及相关法规

在国家颁布的相关会计法规中，尤其是《会计法》及财政部发布的《会计基础工作规范》《会计档案管理办法》等国家统一的会计制度中，对会计电算化工作作出了具体的规范。

1999 年 10 月 31 日通过的《会计法》规定："使用电子计算机进行会计核算的，其软件及生成的会计凭证、会计账簿、财务会计报告和其他会计资料，也必须符合国家统一的会计制度的规定。""使用电子计算机进行会计核算的其会计账簿的登记、更正，应当符合国家统一的会计制度的规定。"

1996 年 6 月 17 日由财政部发布的《会计基础工作规范》[1] 中，有多个条文对会计电算化工作作出了具体的规范。例如：

第十一条 开展会计电算化和管理会计的单位，可以根据需要设置相应工作岗位，也可以与其他工作岗位相结合。

第二十七条 实行会计电算化的单位，从事该项工作的移交人员还应当在移交清册中列明会计软件及密码、会计软件数据备份 U 盘或移动硬盘等有关资料、实物等内容。

第二十九条 移交人员从事会计电算化工作的，要对有关电子数据在实际操作状态下进行交接。

第四十四条 实行会计电算化的单位，对使用的会计软件及其生成的会计凭证、会计账簿、会计报表和其他会计资料的要求，应当符合财政部关于会计电算化的有关规定。

第四十五条 各单位的会计凭证、会计账簿、会计报表和其他会计资料，应当建立档案，妥善保管。会计档案建档要求、保管期限、销毁办法等依据《会计档案管理办法》的规定进行。

实行会计电算化的单位，有关电子数据、会计软件资料等应当作为会计档案进行管理。

第五十三条 实行会计电算化的单位，对于机制记账凭证，要认真审核，做到会计科目使用正确，数字准确无误。打印出的机制记账凭证要加盖制单人员、审核人员、记账人员及会计机构负责人、会计主管人员印章或者签字。

第五十八条 实行会计电算化的单位，用计算机打印的会计账簿必须连续编号，经审核无误后装订成册，并由记账人员和会计机构负责人、会计主管人员签字或者盖章。

第六十一条 实行会计电算化的单位，总账和明细账应当定期打印。

发生收款和付款业务的，在输入收款凭证和付款凭证的当天必须打印出现金日记账和银行存款日记账，并与库存现金核对无误。

第九十七条 实行会计电算化的单位，填制会计凭证和登记会计账簿的有关要求，应当符合财政部关于会计电算化的有关规定。

---

[1] 《会计基础工作规范》2019 年作了修订，此处为说明会计电算化的发展使用 1996 年颁布的条款内容。

二、会计电算化专门法规

按照《会计法》规定，财政部制定并发布了《会计核算软件基本功能规范》《会计电算化工作规范》等一系列国家统一的会计电算化专门法规制度，对单位使用会计核算软件、软件生成的会计资料、采用电子计算机替代手工记账、电算化会计档案保管等会计电算化工作作出了更加具体的规范。例如，《会计核算软件基本功能规范》中：

第十三条　会计核算软件应当提供输入记账凭证的功能，输入项目包括：填制凭证日期、凭证编号、经济业务内容摘要、会计科目或编号、金额等。输入的记账凭证的格式和种类应当符合国家统一的会计制度的规定。

第二十五条　会计核算软件应当提供自动进行银行对账的功能，根据机内银行存款日记账与输入的银行对账单及适当的手工辅助，自动生成银行存款余额调节表。

第三十二条　会计核算软件可以提供机内原始凭证的打印输出功能，打印输出原始凭证的格式和内容应当符合国家统一的会计制度的规定。

第二节　会计核算软件的基本要求

财政部颁布的《会计核算软件基本功能规范》《会计电算化工作规范》等相关会计电算化的法规文件，对会计核算软件提出了具体的要求，其中《会计核算软件基本功能规范》从数据的输入、处理、输出和安全等角度，全面对会计核算软件进行了规范。

一、会计核算软件的基本要求

根据《会计法》和国家统一的会计制度规定，会计核算软件的设计、应用、维护应当符合以下基本要求：

（1）会计核算软件设计应当符合我国法律、法规、制度的规定，保证会计数据合法、真实、准确、完整，有利于提高会计核算工作效率。

（2）会计核算软件应当按照国家统一的会计制度的规定划分会计期间，分期结算账目和编制会计报表。

（3）会计核算软件中的文字输入、屏幕提示和打印输出必须采用中文，可以同时提供少数民族文字或者外国文字对照。

（4）会计核算软件必须提供人员岗位及操作权限设置的功能。

（5）会计核算软件应当符合 GB/T19581（《信息技术——会计核算软件数据接口》）的要求。

（6）会计核算软件在设计性能允许使用范围内，不得出现由于自身原因造成死机或者非正常退出等情况。

（7）会计核算软件应当具有在机内会计数据被破坏的情况下，利用现有数据恢复到最近状态的功能。

（8）单位修改、升级正在使用的会计核算软件，改变会计核算软件运行环境，应当建立相应的审批手续。

（9）会计核算软件开发、销售单位必须为使用单位提供会计核算软件操作人员培训、

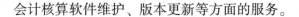

会计核算软件维护、版本更新等方面的服务。

二、会计数据输入功能的基本要求

会计数据的输入正确与否是整个会计电算化核算的关键，为了保证会计数据输入正确，提高会计信息质量，会计核算软件在数据输入上具有强大的防错功能和充分的经验措施。严格规范数据输入的各个环节，可以最大限度地发现错误，并提供相应修改手段，提高会计电算化工作效率。因此，对会计数据功能的要求有如下几项。

（1）会计核算软件应当具备以下初始化功能：

①输入会计核算所必需的期初数字及有关资料，包括总分类会计科目和明细分类会计科目的名称、编号、年初数、累计发生额及有关数量指标等。

②输入需要在本期进行对账的未达账项。

③选择会计核算方法，包括记账方法、固定资产折旧方法、存货计价方法、成本核算方法等。会计核算软件对会计核算方法的更改过程，在计算机内应当有相应的记录。

④定义自动转账凭证，包括会计制度允许的自动冲回凭证等。

⑤输入操作人员岗位分工情况，包括操作人员姓名、操作权限、操作密码等。

⑥提供必要的方法对输入的初始数据进行正确性校验。

（2）应当具备输入记账凭证的功能。

（3）对记账凭证编号的连续性应当进行控制。

（4）下列数据输入应有必要的提示功能：

①正在输入的记账凭证编号是否与已输入的机内记账凭证编号重复。

②以编号形式输入会计科目的，应当提示该编号所对应的会计科目名称。

③正在输入的记账凭证中的会计科目借贷双方金额不平衡或没有输入金额时，应予以提示并拒绝执行。

④正在输入的记账凭证若有借方会计科目而无贷方会计科目，或有贷方会计科目而无借方会计科目，应予以提示并拒绝执行。

⑤正在输入的收款凭证借方科目不是"现金"或"银行存款"科目、付款凭证贷方科目不是"现金"或"银行存款"科目的，应予以提示并拒绝执行。

（5）对已经输入但未登记会计账簿的机内记账凭证，应提供修改和审核的功能，审核通过后，不能再对机内凭证进行修改。

（6）对同一张记账凭证，应当对审核功能与输入、修改功能的使用权限进行控制。

（7）发现已经输入并审核通过或者登账的记账凭证有错误的，应当采用红字冲销法或者补充登记法进行更正，红字可用负号"—"表示。

（8）由会计核算软件自动生成记账凭证的，在生成正式机内记账凭证前，应当进行审核确认。

（9）由账务处理模块以外的其他业务子系统生成会计凭证数据的，应当经审核确认后生成记账凭证。

三、会计数据输出功能的基本要求

会计电算化条件下，会计数据输出主要有屏幕查询输出、打印输出、向移动硬盘输出以及网络传输输出等形式。《会计核算软件基本功能规范》对输出的基本要求是内容完整可靠、格式符合规范。具体包括以下要求：

（1）应当具有对机内会计数据进行查询的功能。

（2）应当按照国家统一的会计制度规定的内容和格式打印输出机内原始凭证、记账凭证、日记账、明细账、总账、会计报表。

（3）总分类账可以用总分类账户本期发生额、余额对照表替代。

（4）在保证会计账簿清晰的条件下，计算机打印输出的会计账簿中的表格线条可以适当减少。

（5）对于业务量较少的账户，会计软件可以提供会计账簿的满页打印输出功能。

四、会计数据处理功能的基本要求

会计数据输入完成以后，需要会计核算软件根据所输入的数据自动进行数据处理，快速、准确、可靠地提供所需会计信息。其具体要求如下：

（1）应当具有根据审核通过的机内记账凭证及所附原始凭证登记账簿的功能。

（2）应当具有自动进行银行对账并自动生成银行存款余额调节表的功能。

（3）应当具有机内会计数据按照规定的会计期间进行结账的功能。

（4）结账前，应当自动检查本期输入的会计凭证是否全部登记入账，全部登记入账后才能结账。

（5）结账后，不允许再输入已结账会计期间的会计凭证。

（6）应当具有自动编制符合国家统一会计制度规定的会计报表功能；对于根据机内会计账簿生成的会计报表数据，会计软件不能提供直接修改功能。

（7）应当具有确保会计数据安全保密的措施，防止对数据和软件的非法修改和删除。

第三节　会计电算化岗位及其权限设置的基本要求

一、会计电算化岗位的分类

建立会计电算化信息系统的岗位责任制，定人员、定岗位、明确分工，各司其职，有利于会计工作的程序化、规范化，有利于落实责任和会计人员分管业务，有利于提高工作效率和工作质量。《会计电算化工作规范》中提出了建立会计电算化岗位责任制的原则，实行会计电算化的单位，要建立会计电算化岗位责任制，要明确每个岗位的职责范围，切实做到事事有人管、人人有专责，办事有要求、工作有检查。

依据上述原则，企业可以根据内部牵制制度的要求和本单位的工作需要，对会计岗位的划分进行调整，设立必要的工作岗位。会计电算化信息系统的岗位一般可划分为基本会计岗位和电算化会计岗位。

（1）基本会计岗位可分为会计主管、出纳、会计核算、稽核、会计档案管理等工作岗位。基本会计岗位可以一人一岗、一人多岗或一岗多人，但应当符合内部牵制制度的要求；出纳人员不得兼管稽核、会计档案保管和收入、费用、债权、债务账目的登记工作。基本会计岗位的会计人员还应当有计划地进行轮换，以促进会计人员全面熟悉业务，不断提高业务素质。会计人员还必须实行回避制度。

（2）电算化会计岗位可设电算主管、软件操作、审核记账、电算维护、电算审查、数据分析、会计档案保管、软件开发等岗位。基本会计岗位和电算化会计岗位，可在保证会计数据安全的前提下交叉设置，各岗位人员要保持相对稳定。中小型单位和使用小规模会计电算化系统的单位，可根据本单位的工作情况，单独设立一些必要的电算化岗位，其余岗位不单独设立，可由其他岗位兼任。

二、会计电算化岗位责任制的基本内容

（一）电算主管的要求与责任

电算主管要求具备会计和计算机知识以及相关的会计电算化组织管理的经验。电算主管可由会计主管兼任，其岗位职责如下：

（1）负责电算化会计系统的日常管理工作，监督并保证电算化系统的正常运行，达到合法、安全、可靠的审计要求。在系统发生故障时，应及时组织有关人员尽快恢复系统的正常运行。

（2）负责协调电算化系统各类人员之间的工作关系，制定岗位责任与经济责任考核制度，负责对电算化系统各类人员的工作质量考评，以及提出任免意见。

（3）负责检查计算机输出账、表、凭证的数据正确性和及时性。

（4）负责建立电算化系统各种资源（硬件资源和软件资源）的调用、修改和更新的审批制度，并监督执行。

（5）负责完善企业现有管理制度，充分发挥电算化的优势，提出单位会计工作的改进意见。

（6）为保守本单位经济秘密和会计数据的安全，不得将本单位会计数据以任何形式带出本单位或对外提供。

（二）软件操作员的要求与责任

会计电算化的软件操作员负责会计数据的录入与输出工作，能够使用会计电算化系统的部分或全部功能。软件操作员要根据会计电算化制度的要求，严格执行计算机硬件、软件的操作规程和防范计算机病毒的措施。基本会计岗位人员可兼任软件操作岗位的工作。软件操作员的工作职责如下：

（1）负责将经过审核的原始凭证或记账凭证及时、准确地录入计算机，对于未经审核的会计凭证不得录入计算机。

（2）应严格按照操作程序操作计算机和会计软件。

（3）数据输出完毕，应进行自检核对工作，核对无误后交数据审核员复核。对审核员提出的会计数据输入错误，应及时修改。

（4）根据数据审核员核实过的会计数据进行记账，打印出有关的账表。

（5）每天操作结束后，应及时做好数据备份并妥善保管。

（6）注意安全保密，各自的操作口令不得随意泄露，备份数据应妥善保管。

（7）离开机房前，应执行相应指令退出会计软件。

（8）每次操作后，应按照有关规定填写上机记录。

（9）出纳人员应做到"日清月结"，现金出纳每天必须将现金日记账的余额与库存现金进行核对；银行出纳每月都必须将银行存款账户的余额与银行对账单进行核对。

（10）由原始凭证直接录入计算机并打印输出的情况下，记账凭证上应有录入人员的签名或盖章；收付款记账凭证还应由出纳人员签名或盖章。

（11）操作过程中发现问题，应记录故障情况并及时向系统管理员报告。

（三）审核记账员的要求与责任

审核记账员要求具备会计和计算机知识，达到会计电算化中级培训知识水平，此岗位可由会计主管兼任。审核记账员的工作职责如下：

（1）负责审核原始凭证的真实性、正确性与完整性，对不合规定的原始单据取消作为记账凭证的依据。

（2）负责将不真实、不合法、不完整、不规范的凭证退还给有关人员更正或修改后，再进行审核。

（3）负责对操作人员录入的凭证进行审核并及时记账，打印输出有关账表。

（4）对不符合要求的凭证和输出的账表不予签章确认。

（5）审核记账人员不得兼任出纳工作。

（6）结账前，检查已审核签字的记账凭证是否全部记账。

（7）为保守本单位经济秘密和会计数据的安全，不得将本单位会计数据以任何形式带出本单位或对外提供。

（四）电算维护员的要求与责任

电算维护员要求具备计算机和会计知识，经过会计电算化中、高级知识培训。此岗位应由专职人员担任，其工作职责如下：

（1）负责系统的安装和调试工作。

（2）负责指导有关人员正确掌握会计软件的使用方法。

（3）负责系统运行中软件、硬件故障的消除工作。

（4）为保守本单位经济秘密和会计数据的安全，不得将本单位会计数据以任何形式带出本单位或对外提供。

（五）电算审查员的要求与责任

电算审查员要求具备会计和计算机知识，达到会计电算化中级知识水平，此岗可由会计稽核人员兼任。电算审查员的工作职责如下：

（1）负责监督计算机及会计软件系统的运行，防止他人利用计算机进行舞弊。

（2）负责审查电算化会计系统各类人员的工作岗位的设置是否合理，制定的内部牵制制度是否合理，各类人员是否越权使用软件，防止他人利用计算机进行舞弊。

（3）当发现系统问题或隐患时，应及时向会计主管反映，提出处理意见。

（六）数据分析员的要求与责任

数据分析员要求具备计算机和会计知识，达到会计电算化中级知识培训水平，此岗可由会计主管兼任。数据分析员的工作职责如下：

（1）负责对计算机内的会计数据进行分析。

（2）制定适合本单位实际情况的会计数据分析方法、分析模型和分析时间，为企业经营管理及时提供信息。

（3）每日、旬、月、年，都要对企业的各种报表、账簿进行分析，为单位领导提供必要的信息。

（4）负责提供本企业重大项目实施前后及过程中需要的会计数据分析报告。

（5）能根据单位领导提出的分析要求，及时利用会计数据进行分析，以满足单位经营管理的需要。

（七）会计档案保管员的要求与责任

会计档案保管员要求具备档案保管的知识，达到电算化初级培训知识水平，其职责如下：

（1）负责会计电算化系统各类数据盘及各类账表、凭证纸质资料的存档保管工作。

（2）做好各类数据、资料、凭证的安全保密工作，不得擅自泄密。

（3）按规定期限，向各类电算化岗位人员催交各种有关会计数据的备份盘资料和账表凭证等纸质会计资料。

（八）软件开发员的要求与责任

软件开发员要求是计算机专业人员且熟悉会计业务工作流程，其岗位应为专职人员，其工作职责如下：

（1）负责本单位会计软件开发和维护工作。

（2）按规定的程序应用软件，保证软件的完善性、适应性，并正确维护。

（3）软件开发人员不得对会计软件进行会计业务处理。

（4）按电算主管的要求，及时完成对本单位会计软件的修改和更新，并建立相关的文档资料。

三、会计电算化岗位权限的设置

上述电算化会计岗位中，软件操作岗位与审核记账、电算维护、电算审查岗位为不相容岗位。

针对会计电算化各岗位应设置相应的权限，比如，记账人员应有查询凭证、修改凭证等权限。会计电算化各岗位及其权限的设置在账套初始化时就应该完成，电算主管负责定义各操作人员的权限，在平时的工作中，可根据人员变动进行相应的调整。各操作人员只有修改自己密码的权限，没有更改自己及他人的操作权限。涉及操作权限的调整与变更时，须由会计主管负责调整。

第四节　计算机替代手工记账的基本要求①

一、试运行

电算化会计信息系统在正式使用之前，必须与手工记账并行运行一段时间，以检验其

---

① 考虑到一些单位的实际工作中仍存在手工记账情形，修订时保留本节内容，后面相关内容同。

是否达到预定目标，软件是否有缺陷或错误，以及系统的合法性、安全性、可靠性等。这一阶段称为试运行阶段。

（一）试运行的目的

会计核算软件，无论是自行研制的还是购买的，一般在开发时已测试和鉴定了软件的功能及有关性能，但是，这些测试一般是采用数据模拟方式，与单位实际会计业务相差很远。通用软件大量的初始化定义工作，如基础档案设置、系统参数设置、成本核算、报表编制等，都由用户定义，也难免出现差错。会计软件是一种特殊软件，使用时要确保万无一失。因此，会计核算软件必须经过试运行才能投入正式使用。

（1）会计核算软件的功能检查。

通过试运行，检查核算软件所能完成的功能是否达到了原设计的要求，每一个功能模块是否按规定的处理程序及方法完成核算业务。

（2）正确性检查。

通过试运行，并与手工核算比较，检验会计核算软件记账、编制报表、成本核算、薪资核算等业务处理的正确与否。

（3）合法性检查。

检查会计核算软件是否符合财政部关于会计核算软件的规定，是否符合财政部门制定的会计制度。

（4）可靠性、安全性检查。

检查整个系统在运行过程中是否安全可靠，能否保证会计核算工作正常进行，能否防止一些意外事故等。

（5）及时性检查。

检查系统运转，能否保证及时提供、上报有关会计信息，包括账、表等。

（6）例外情况检查。

通过试运行，及时发现一些原先设计时未加考虑的例外事件，并及时采取措施，改进、完善软件。

总之，通过试运行，公司可及时发现设计中的一些错误、问题，排除一些隐患，完善功能，保证会计核算软件在投入使用后尽量不发生或少发生问题。

（二）试运行阶段的主要工作

财政部规定，会计核算软件要经过三个月以上的试运行阶段。在试运行阶段，一方面手工核算工作仍要继续，另一方面要组织并输入计算机会计核算所需的当月数据，包括记账凭证、成本核算数据、职工考勤等，操作计算机完成有关会计核算业务，并输出所有总账、明细账、报表和有关核算中间结果。比较计算机输出数据与手工账表数据，查找差异原因，若属软件设计原因，就必须由有关人员修改程序，改正缺陷。

（三）试运行阶段应注意的问题

（1）试运行阶段，手工和计算机两套系统同时运转，这势必增加财会人员的工作量。一般会计人员除了需多编制凭证外，还负责输入或复核、对结果进行分析比较等任务，工作量十分大，因此，一定要加强管理，做好思想工作。领导要大力支持，协调好各方面的关系，赢得有关人员特别是财会人员的理解和支持，保证试运行工作顺利进行。

（2）试运行要取得预期效果，除了软件性能外，还要依靠严密的组织、严格的管理和较好的人员素质。因此在此阶段，要按照有关要求，有计划、有步骤开展工作，并严格遵照系统使用操作说明书和有关管理制度；必须配备熟悉本单位会计核算业务和电子计算机知识、系统开发知识的系统管理人员。

（3）输入的数据尤其是凭证数据准确与否是保证手工与计算机输出结果一致的关键。记账凭证编制必须严格按照系统有关规定，不得省略关键项目和内容，科目必须明细到规定的最低级数，保证凭证输入的质量，所有记账凭证在记账前必须复检，杜绝凭证重输、漏输。

（4）电算化会计信息系统可能在某些方面改变了原手工处理习惯和方法，因此，必须督促会计人员按新的要求、新的方法处理，以保证核算结果的可比性。

（5）手工核算与计算机核算结果的一致性问题。一般情况下，两者结果应该一致。但由于计算机精度高，通过计算机计算出来的一些数据，与手工核算的数据有一定误差。如成本核算中的水、电、气、暖费，材料差异，工资，车间经费，企业管理费等费用分配，可能会出现几分、几角的误差，导致手工与计算机核算的数据不一致，也影响到有关总账、明细账，最后影响有关报表。这种误差属正常的，不应是问题。因此对于手工与计算机核算结果不一致问题，首先应分析产生差异的原因，确定是正常的还是不正常的；对于不正常的差异，还要看是人工原因还是软件问题，然后纠正。

二、计算机替代手工记账的程序

1. 计算机替代手工记账的基本条件

当电算化会计信息系统经过一定时期的试运行，达到有关规定，就应由计算机替代手工完成会计核算工作。会计电算化的首要目的，就是要使财会人员摆脱烦琐的记账、算账、报账工作。但是对通过试运行没有发现问题或发现问题及时得到改进的会计软件，不能保证在正式运行中不出现问题。要保证系统的正常运行，还需要具备相应的条件，因此，财政部对会计核算软件管理的规定中还强调，替代手工记账必须具备以下条件：

（1）单位获得"会计工作达标单位"证书。

（2）采用的会计核算软件已通过评审。

（3）与手工记账并行运行三个月以上，保存有完整的与手工核算相一致的数据。

（4）配有专门或主要用于会计核算工作的计算机，并配有指定的专职或兼职的上机操作人员。

（5）有严格的操作管理制度，包括操作人员工作职责和工作权限，预防记账凭证等数据未经审核而输入计算机的措施，预防已输入计算机的记账凭证未经复核而登账的措施，必要的上机操作记录制度。

（6）有严格的硬件、软件管理制度，包括保证机房设备安全和计算机正常运转的措施，会计数据和会计软件安全保密的措施，修改会计核算软件的审批、监督制度。

（7）有严格的电算化会计档案管理制度。

2. 计算机替代手工记账的审批程序和要求

各单位使用计算机替代手工记账的审批，分别由以下单位办理：

（1）地方各单位由同级财政部门或其授权单位审批。

（2）国务院直属单位由国务院各业务主管部门批准，年末一次汇总，报财政部备案。

（3）军队各单位的审批权限由后勤总部财政部规定。

申请单位应提交以下资料：有关会计电算化的内部管理资料；计算机会计科目代码和其他有关代码及编制说明；试运行简况及输出的账、证、表样本。

3. 计算机替代手工记账的两种方式

计算机替代手工记账，从试运行到正式运用，一般有两种方式：一种方式是全部核算业务一次性完成转换；另一种方式是分阶段逐步转换，以保证系统可靠、平稳过渡。对于会计业务量大、处理复杂的系统，宜采用分阶段转换方式，先易后难。对于那些业务简单或单项应用的核算业务，可采用一次性转换的方式。

第五节　电算化会计档案管理的基本要求

一、电算化会计档案的内容

电算化会计档案包括电子会计档案和纸质会计档案。电子会计档案是指存储在 U 盘、移动硬盘等磁性介质中的会计数据资料。纸质会计档案是指通过计算机打印出来的纸质记账凭证、会计账簿、会计报表等资料。

备份在 U 盘、移动硬盘等磁性介质中的会计数据资料是随着会计电算化系统而出现的新的档案形式。采用 U 盘、移动硬盘等磁性介质存储会计账簿、报表等电子数据，具有磁性化和不可见的特点；作为会计档案保存，其保存期限同《会计档案管理办法》中规定的纸质形式的会计档案一致。

采用计算机打印输出的纸质会计凭证、账簿、报表，应当符合国家统一会计制度的要求，采用中文或外文，字迹要清晰；作为会计档案保存，保存期限也应按《会计档案管理办法》的规定执行。

通用会计软件、定点开发软件、通用与定点开发相结合的会计软件的全套文档资料以及会计软件程序，视同会计档案保管。

二、电算化会计档案的生成与管理

在会计电算化信息系统中保存的会计档案需要打印生成纸质资料，打印的时间及装订形式都有一定的要求。电算化会计档案的生成与管理制度应包含的内容如下：

（1）现金日记账和银行存款日记账要每天登记并打印输出，做到日清月结。现金日记账和银行存款日记账可采用打印输出的活页装订成册，每天业务较少、不能满页打印的，也可按旬打印输出。

（2）一般账簿可以根据实际情况和工作需要按月或按季、按年打印；发生业务较少的账簿，可等满页后再打印。

（3）在所有记账数据和明细分类数据都存储在计算机内的情况下，总分类账可用

"总分类账本期发生额及余额对账表"替代。

（4）在保证凭证、账簿清晰的条件下，计算机打印输出的凭证、账簿中表格线可适当减少。

（5）由原始凭证直接录入计算机并打印输出的情况下，记账凭证上应有录入人员的签名或盖章、会计主管人员的签名或盖章。收付款记账凭证还应由出纳人员签名或盖章。打印生成的记账凭证视同手工填制的记账凭证，按《会计档案管理办法》的有关规定立卷归档保管。

（6）手工事先做好记账凭证后，录入记账凭证，然后在进行处理的情况下，保存手工记账凭证与机制凭证皆可。

（7）计算机与手工并行工作期间，可采用计算机打印输出的记账凭证替代手工填制的记账凭证，根据有关规定进行审核并装订成册，作为会计档案保存，并据以登记手工账簿。

（8）记账凭证、总分类账、现金日记账和银行存款日记账还要按照税务、审计部门的要求及时打印输出。

（9）实施会计电算化的单位，需采用 U 盘、移动硬盘等磁性介质存储会计账簿、会计报表等电子会计数据，定期作为会计档案保存。

（10）单位每年形成的会计档案，都应由会计部门按照归档的要求，负责整理立卷或装订成册。当年会计档案，在会计年度终了后，可暂由本单位会计部门保管 1 年。期满后，原则上应由会计部门编制清册移交本单位档案管理部门保管。

（11）单位保存的会计档案应为本单位积极提供利用，向外单位提供利用时，档案原件原则上不得外借。

（12）单位对会计档案必须进行科学管理，做到妥善保管、存放有序、查找方便。

三、电算化会计档案管理制度

档案管理一般是通过制定与实施档案管理制度来实现的。档案管理制度一般包括以下内容：

（1）存档的手续。主要是指各种审批手续，比如打印输出的账表，必须有会计主管、系统管理员的签章才能存档保管。

（2）各种安全保障措施。比如备份软盘应贴上保护标签，存放在安全、干净、防热、防潮的场所。

（3）档案管理员的职责与权限。

（4）档案的分类管理办法。

（5）档案使用的各种审批手续。比如调用源程序就应由有关人员审批，并应记录调用人员的姓名、调用内容、归还日期等。

（6）各类文档的保存期限及销毁手续。比如打印输出账簿就应按《会计档案管理办法》的规定保管期限进行保管。

（7）档案的保密规定。比如对任何伪造、非法涂改、变更、故意毁坏数据文件、账册、软盘等行为，都将进行相应的处理。

思考题

1. 会计电算化的基本岗位有哪些？
2. 计算机代替手工记账的基本条件是什么？
3. 电算化会计档案管理制度主要包括哪些内容？
4. 我国宏观管理会计电算化工作的重要规章制度有哪些？
5. 在实现会计电算化的单位，应建立哪些内部管理制度？
6. 在试运行之前，应准备哪些手工与计算机衔接的会计数据？

第三章 "用友 ERP-U8" 管理软件概述

学习目的及要求

1. 了解"用友 ERP-U8"管理软件的特点和作用。
2. 掌握财务会计模块、管理会计模块、供应链模块各核心子系统的主要功能,各子系统的数据传递关系。

课程思政

21世纪的社会,正处在一个大变革时期,经济的全球化,新兴产业的飞速发展,新技术惊心动魄的革命,使传统的经济业务日趋简化、会计人员的专业优势也日渐弱化,会计是一个非常讲究实际经验和专业技巧的职业,想要得到好的发展,就要注意在工作中积累经验,不断提高专业素质和专业技能,开拓自己的知识面。随着社会经济的高速发展,会计行业已经开始和其他的专业慢慢融合从而产生了很多新职业,这也为以后会计人员的发展提供了更多的选择机会。此外,由于资本全球流动日益加速,新兴产业的兴起和经营的多元化,财务风险越来越大,难以预测和控制,许多大公司、大企业面临被兼并和破产的危险。要引导学生不断开拓视野,提升会计信息技能,以便未来能胜任信息化时代的财务工作。

第一节 "用友 ERP-U8" 系统简介

"用友 ERP-U8"系统,以精确管理为基础,以规范业务为先导,以改善经营为目标,提出"分步实施,应用为先"的实施策略,帮助企业优化资源、提升管理。"用友 ERP-U8"

系统为企业提供了一套企业基础信息管理平台解决方案，满足了各级管理者对不同信息的需求：为高层经营管理者提供决策信息，以衡量收益与风险的关系，制定企业长远发展战略；为中层管理人员提供详细的管理信息，以实现投入与产出的最优配比；为基层管理人员提供及时准确的成本费用信息，以实现预算管理、控制成本费用。

"用友 ERP-U8"系统根据业务范围和应用对象的不同，划分为财务管理、供应链、生产制造、人力资源、决策支持、集团财务等系列模块，由 40 多个子系统构成，各子系统之间信息高度共享。

一、财务会计领域

"用友 ERP-U8"系统的财务会计部分主要包括总账管理、应收款管理、应付款管理、薪资管理、固定资产管理、报账中心、财务票据套打、网上银行、UFO 报表、财务分析、现金流量表等模块。这些模块从不同的角度，实现了从预算、核算到报表分析的财务管理全过程。其中，总账管理是财务系统中最核心的模块，企业所有的核算最终在总账中体现；应收款管理、应付款管理主要用于核算和管理企业销售和采购业务所引起的资金的流入、流出；薪资管理完成对企业薪资费用的计算与管理；固定资产管理提供对设备的管理和折旧费用的核算；报账中心是解决单位日常报账业务的管理系统；财务票据套打解决单位财务部门、银行部门以及票据交换中心对现有各种票据进行套打、批量套打和打印管理的功能需求；网上银行解决了企业足不出户实现网上支付业务的需求；UFO 报表生成企业所需的各种管理分析表；财务分析提供预算的管理分析、现金的预测及分析等功能；现金流量表则帮助企业进行现金流入、流出的管理与分析。通过财务会计系列的子系统应用，可以充分满足企事业单位对资金流的管理和统计分析。

二、管理会计领域

"用友 ERP-U8"系统的管理会计主要包括项目管理、成本管理、专家财务分析等模块。系统中，通过项目分析和成本管理实现各类工业企业对成本的全面掌控和核算；运用专家财务分析系统对各种报表及时进行分析，及时掌握本单位的财务状况（盈利能力、资产管理效率、偿债能力和投资回报能力等）、销售及利润分布状况、各项费用的明细状况等，为企业的管理决策提供依据、指明方向。

三、供应链管理领域

"用友 ERP-U8"系统的供应链管理主要包括物料需求计划、采购管理、销售管理、库存管理、存货核算等模块，其主要功能在于增加预测的准确性，减少库存，提高发货供货能力，降低供应链成本。供应链系统中提供了对采购、销售等业务环节的控制，以及对库存资金占用的控制。企业可根据自己的管理模式和实际情况，制定最佳的企业运营方案，加快市场响应速度，减少工作流程周期，提高生产效率，缩短生产周期；从而实现管理的高效率、实时性、安全性、科学性、智能化。

四、集团财务领域

"用友 ERP-U8"系统的集团财务主要包括资金管理、个别报表、合并报表等。资金管理实现对企业内外部资金的计息与管理；个别报表和合并报表等则为子公司和集团进行

统一管理提供了工具。

五、Web 应用领域

"用友 ERP-U8"系统的 Web 应用实现了企业互联网模式的经营运作，主要包括 Web 财务、Web 资金管理、Web 购销存。通过 Web 应用系统，实现集团财务业务信息及时性、可靠性和准确性，并加强了远程仓库、销售部门或采购部门的管理。

六、商务智能领域

"用友 ERP-U8"系统的商务智能通过"管理驾驶舱"帮助企业领导实现移动办公的需求，企业领导可以随时、随地、随身实现对企业的实时监控。

第二节 "用友 ERP-U8"核心子系统的主要功能

"用友 ERP-U8"软件共有十个核心子系统，分别是系统管理、财务会计、管理会计、供应链、生产制造、人力资源、集团应用、Web 应用、商业智能、企业应用集成。以下重点介绍其中几个常用的核心子系统的功能。

一、系统管理的主要功能

"用友 ERP-U8"管理软件是由多个子系统组成的，各个子系统之间相互联系，数据共享，完整实现财务、业务一体化的管理。对于企业的资金流、物流、信息流"三流"统一管理，系统需要对账套进行建立、修改、删除和备份，操作员的建立、角色的划分和权限的分配等功能需要一个平台来进行集中管理，系统管理模块的功能就是提供这样一个平台。

系统管理主要能够实现如下功能：对账套的统一管理，包括建立、修改、引入和输出（恢复和备份）账套；对操作员及其功能权限实行统一管理，设立统一的安全机制，包括用户、角色和权限设置；设置自动备份计划，系统根据这些设置定期进行自动备份处理，实现账套的自动备份；对年度账的管理，包括建立、引入、输出年度账，结转上年数据，清空年度数据。

二、财务会计模块

1. 总账系统的主要功能

"用友 ERP-U8"总账系统适用于在各类企事业单位中进行凭证处理、账簿管理、个人往来款管理、部门管理、项目核算和出纳管理等。该系统主要能够实现如下功能：

（1）根据需要增加、删除或修改会计科目或选用行业标准会计科目。

（2）通过严密的制单控制保证填制凭证的正确性。提供资金赤字控制、支票控制、预算控制、外币折算误差控制以及查看科目最新余额等功能，加强对发生业务的及时管理和控制。制单赤字控制可控制出纳科目、个人往来科目、客户往来科目、供应商往来科目。

（3）凭证填制权限可控制到科目，凭证审核权限可控制到操作员。

（4）为出纳人员提供一个集成办公环境，加强对现金及银行存款的管理。提供支票登记簿功能，用来登记支票的领用情况；并可完成银行存款日记账、现金日记账，随时输出最新的资金日报表、余额调节表以及进行银行对账。

（5）自动完成月末分摊、计提、对应转账、销售成本、汇兑损益、期间损益结转等业务。

（6）进行试算平衡、对账、结账，生成月末工作报告。

2. UFO 报表系统的主要功能

UFO 报表系统与其他电子表格软件的最大区别在于它是真正的三维立体表，在此基础上提供了丰富的实用功能，完全实现了三维立体表的四维处理能力。UFO 报表系统的主要功能如下：

（1）各行业报表模板。提供 21 个行业的标准财务报表模板，包括最新的现金流量表，可轻松生成复杂报表。该系统还提供自定义模板的新功能，可以根据本单位的实际需要定制模板。

（2）文件管理。提供了各类文件管理功能，并且能够进行不同文件格式的转换，包括文本文件、*.mdb 文件、*.dbf 文件、Excel 文件、LOTUS 1-2-3 文件；支持多个界面同时显示和处理，可同时进入的文件和图形界面多达 40 个。该系统还提供了标准财务数据的"导入"和"导出"功能，可以和其他流行财务软件交换数据。

（3）格式管理。提供了丰富的格式设计功能，如设置组合单元、画表格线（包括斜线）、调整行高和列宽、设置字体和颜色、设置显示比例等，可以制作各种要求的报表。

（4）数据处理。UFO 以固定的格式管理大量不同的表页，能将多达 99 999 张具有相同格式的报表资料统一在一个报表文件中管理，并且在每张表页之间建立有机的联系。该系统还提供了排序、审核、舍位平衡、汇总功能；提供了绝对单元公式和相对单元公式，可以方便、迅速地定义计算公式；提供了种类丰富的函数，可以从"账务""应收""应付""薪资""固定资产""销售""采购""库存"等子系统中提取数据，生成财务报表。

（5）图表。采用"图文混排"，可以很方便地进行图形数据组织，制作包括直方图、立体图、圆饼图、折线图等 10 种图式的分析图表。可以编辑图表的位置、大小、标题、字体、颜色等，并打印输出图表。

（6）打印。采用"所见即所得"的打印，报表和图形都可以打印输出。提供"打印预览"，可以随时观看报表或图形的打印效果。报表打印时，可以打印格式或数据，可以设置表头和表尾，可以在 0.3~3 倍之间缩放打印，可以横向或纵向打印等。该系统还支持对象的打印及预览（包括 UFO 报表生成的图表对象和插入 UFO 报表中的嵌入和链接对象）。

（7）二次开发。提供批指令和自定义菜单，自动记录指令窗中输入的多个指令，可将有规律性的操作过程编制成批指令文件。提供了 Windows 风格的自定义菜单，综合利用批指令，可以在短时间内开发出本企业的专用系统。

3. 应收款管理系统的主要功能

应收款管理系统通过发票、其他应收单、收款单等单据的录入，对企业的往来账款进行综合管理，及时、准确地提供客户的往来账款余额资料，提供各种分析报表，如账龄分析表，周转分析、欠款分析、坏账分析、回款分析情况分析等报表。企业可利用各种分析报表，合理地进行资金的调配，提高资金的利用效率。

应收款管理系统主要提供了初始设置、日常处理、单据查询、账表管理、其他处理等功能。

（1）初始设置。初始设置包括系统参数的定义，可结合企业管理要求进行参数设置是整个系统运行的基础。提供单据类型设置、账龄区间设置和坏账初始设置等，为各种应收款业务的日常处理及统计分析做准备。提供期初余额的录入，保证数据的完整性与连续性。

（2）日常处理。日常处理包括应收单据、收款单据的录入、处理、核销、转账、汇兑损益、制单等处理。

（3）单据查询。单据查询包括各类单据、详细核销信息、报警信息、凭证等内容的查询。

（4）账表管理。账表管理包括总账表、余额表、明细账等多种账表查询。提供应收账款分析、收款账龄分析、欠款分析等丰富的统计分析。

（5）其他处理。其他处理包括远程数据传递，对核销、转账等处理进行恢复，以便进行修改、月末反结账等处理。

4. 应付款管理系统的主要功能

应付款管理系统，通过发票、其他应付单、付款单等单据的录入，对企业的往来账款进行综合管理，及时、准确地提供供应商的往来账款余额资料，提供各种分析报表，有利于企业合理地进行资金的调配，提高资金的利用效率。

应付款管理系统主要提供了初始设置、日常处理、单据查询、账表管理、其他处理等功能，其主要功能与应收款管理系统相似。

5. 薪资管理系统的主要功能

薪资管理系统适用于在各类企业、行政事业单位中进行薪资核算、薪资发放、薪资费用分摊、薪资统计分析和个人所得税核算等。该系统可以与总账系统集成使用，将薪资凭证传递到总账中；可以与成本管理系统集成使用，为成本管理系统提供人工费用等信息。

薪资管理系统有以下主要功能：

（1）初始设置。初始设置包括对人员附加信息、人员类别、工资类别、部门档案、人员档案、工资核算币种选择、银行代发工资的银行名称、工资项目及计算公式等基础信息进行设置；对是否扣零处理、是否个人所得税扣税处理、是否核算计件工资等账套参数进行设置。

（2）业务处理。业务处理包括对工资数据的变动、计件工资统计、汇总等的处理，对工资分摊、计提、转账业务进行处理，并将生成的凭证传递到总账系统，以及对个人所得税计算与申报等的处理。

（3）统计分析。统计分析主要是生成工资统计表和工资分析表。工资统计表包括工资发放签名表、工资发放条、部门工资汇总表、人员类别汇总表、条件汇总表、条件明细表等；工资分析表包括工资项目分析表、工资增长分析表、分部门各月工资构成分析表、部门工资项目构成分析表等。

6. 固定资产系统的主要功能

本系统适用于各类企业和行政事业单位进行设备管理、计提折旧等。同时可为总账系统提供固定资产增减业务的记账凭证、折旧记账凭证，为成本管理系统提供设备的折旧费用依据。固定资产系统中要提供初始设置、业务处理、计提折旧、输出账表等功能。

（1）初始设置。初始设置包括定义资产分类编码方式、资产类别名称、资产的增减方式、使用状况、折旧方法，定义固定资产的使用年限、残值率、部门核算的科目及转账时自动生成凭证的科目。

（2）业务处理。业务处理主要包括固定资产增减业务的处理，固定资产卡片批量复制、批量变动及从其他账套引入固定资产数据，提供原值变动表、启用记录、部门转移记录、大修记录、清理信息等附表，可处理各种资产变动业务，如原值变动、部门转移、使用状况变动、使用年限调整、折旧方法调整、净残值（率）调整、工作总量调整、累计折旧调整、资产类别调整等，可对固定资产的原值、使用年限、净残值率、折旧方法等进行评估。

（3）计提折旧。计提折旧包括定义折旧分配周期、选择折旧分配方法，以及按分配表自动生成记账凭证的科目等，提供了平均年限法、工作量法、年数总和法、双倍余额递减法计提折旧。折旧分配表包括部门折旧分配表和类别折旧分配表，各表均可按辅助核算项目汇总。

（4）输出账表。固定资产系统输出的账表主要如表 3-1 所示。

表 3-1　固定资产系统输出的账表类型

固定资产分析表	部门构成分析表	账簿	部门、类别明细账
	价值结构分析表		单个固定资产明细账
	类别构成分析表		固定资产登记簿
	使用状况分析表		固定资产总账
固定资产统计表	固定资产原值一览表	固定资产折旧表	部门折旧计提汇总表
	固定资产到期提示表		固定资产及累计折旧表（一）
	固定资产统计表		固定资产及累计折旧表（二）
	盘盈盘亏报告表		固定资产折旧计算明细表
	评估变动表		固定资产折旧清单
	役龄资产统计表		
	逾龄资产统计表		

三、管理会计模块

1. 成本管理系统的主要功能

企业生存和发展的关键，在于不断提高经济效益；提高经济效益的手段，一是增收，二是节支。增收靠创新，节支靠成本控制，而成本控制的基础是成本核算工作。目前在企业的财务工作中，成本核算往往是工作量大、占用人员较多的会计工作，企业迫切需要应用成本核算软件来更加准确及时地完成成本核算工作。成本管理系统的主要功能如下：

（1）成本核算。系统根据企业对产品结构的定义、选择的成本核算方法和各种费用的分配方法，自动对从其他系统读取的数据或手工录入的数据进行汇总计算，输出需要的成本核算结果及其他统计资料。

（2）成本计划。系统通过费用计划单价和单位产品费用耗量生成计划成本，成本的计划功能主要是为成本预测和分析提供数据。

（3）成本预测。系统运用选择的方法以及计划（历史）成本数据对部门总成本和任意产量的产品成本进行预测，满足企业经营决策需要。

（4）成本分析。系统可以对分批核算的子系统进行追踪分析，计算部门内部利润，对历史数据进行对比分析，分析计划成本与实际成本差异，分析子系统的成本项目构成比例。

2. 项目成本管理系统的主要功能

项目成本管理以项目管理和成本会计为基础对项目进行成本核算管理。项目成本管理系统可根据企业的实际情况灵活定义项目信息，如直接成本项、间接成本项以及期间费用项等；可通过定义要素分摊方案的方法，将归集的公共要素按照企业的要求以多种形式分摊到项目；同时还提供了与总账系统接口，可从总账的凭证中读取数据，将录入的各种费用原始单据、分配费用及结转成本，自动生成凭证到总账系统。

项目成本管理系统主要功能如下：

（1）基础设置。基础设置包括项目要素分类及其名称、责任中心分类及其名称、作业量、分配公式、对应关系、单据类型及其统计关键字、单据模板、费用分配凭证等的设置。

（2）日常操作。日常操作包括专属、公共项目要素单据录入、查询、审核、制单，存货入库单据录入、查询、审核、制单，销售出库单录入、查询、审核、制单，作业量汇总统计，专属要素汇总统计，公共要素汇总统计，对录入的项目专属要素和责任中心公共要素汇总分配，多次成本计算、成本结转等。

（3）凭证处理。根据凭证设置和业务类别设置生成凭证，查询生成的凭证。

（4）报表管理。报表管理包括存货预算对比分析表、设备预算对比分析表、项目成本进度分析表、项目预算分析表、项目要素预算分析表、项目要素构成分析表、项目成本分析表、项目成本收支分析表等的管理。

四、供应链模块

1. 物料需求计划系统的主要功能

物料需求计划系统是"用友 ERP-U8"供应链模块的重要组成部分，是供应链的入口。物料需求计划（Material Requirement Planning，MRP）就是依据 MRP 的需求，按照 MRP 平衡公式进行运算，确定企业的生产计划和采购计划。MRP 能够解决企业生产产品、生产数量、开工时间、完成时间，外购产品、外购数量、订货时间、到货时间。

MRP 运算一般可分为再生成法和净改变法。其中，再生成法下周期性生成 MRP，一般为一周一次（当然并无约束，由企业根据实际情况确定），一周后，原来的 MRP 过时，再根据最新的需求、物料清单（Bill of Materials，BOM）以及库存记录等信息生成新的 MRP。再生成法广泛适用于各类生产企业。

本系统采用需求驱动的 MRP 运算。企业可以根据各自的行业特点，使用有生产计划的 MRP 运算（采购计划+生产计划），或无生产计划的 MRP 运算（采购计划）。其中，采购计划是指根据销售订单或市场预测，通过 MRP 运算，确定向供应商下达采购订单进行采购的子系统及其数量，即 MRP 运算中 BOM 末级物料形成的需求，不包括有"自制"属性且无"外购"属性的末级物料。生产计划是指根据销售订单或市场预测，通过 MRP 运算，确定企业需要向生产部门下达生产订单并投放生产的子系统及其数量，即 MRP 运算中 BOM 非末级物料形成的需求，同时包括有"自制"属性且无"外购"属性的末级物料形成的需求。

物料需求计划系统具有以下主要功能：

（1）基础设置，包括基础档案设置、系统选项维护等。

（2）产品结构，包括产品结构维护等。

（3）日常业务，包括填制市场预测单，进行 MRP 运算，对采购计划、生产计划进行维护，并根据生产计划下达生产订单等。

（4）账表，包括采购计划相关账表的查询和统计。

2. 采购管理系统的主要功能

采购管理系统是"用友 ERP-U8"供应链的重要子系统，采购管理系统帮助企业对采购业务的全部流程进行管理，提供请购、订货、到货、入库、开票、采购结算的完整采购流程，企业可根据实际情况进行采购流程的定制。

"用友 ERP-U8"系统适用于各类工业企业和商业批发、零售企业，医药、物资供销、对外贸易、图书发行等商品流通企业的采购部门和进行采购核算的财务部门。

采购管理系统既可以单独使用，又能与"用友 ERP-U8"系统中的物料需求计划、库存管理、销售管理、存货核算、应付款管理系统集成使用，提供完整、全面的业务和财务流程处理。采购管理系统中提供了初始设置、日常业务处理、账表管理等功能。

（1）初始设置，包括对基础档案进行设置和维护，对单据进行显示格式和打印格式设置，录入期初单据并进行期初记账，设置采购管理系统参数等。

（2）日常业务处理，包括采购业务的日常处理，如请购、订货、到货、入库、开票、采购结算等业务，月末结账处理，库存管理现存量查询等。

（3）账表管理，包括自定义账表，采购统计表、采购账簿、采购分析表的统计与查询。

3. 销售管理系统的主要功能

销售是企业生产经营成果的实现过程，是企业经营活动的中心。销售管理系统是"用友 ERP-U8"供应链的重要组成部分，提供了报价、订货、发货、开票的完整销售流程，支持普通销售、委托代销、分期收款、直运、零售、销售调拨等多种类型的销售业务，并可对销售价格和信用进行实时监控。企业可根据实际情况对系统进行定制，构建自己的销售业务管理平台。销售管理系统中提供了初始设置、日常业务处理、账表管理等功能。

（1）初始设置，包括基础档案设置、系统选项、单据设计、期初数据等的维护。

（2）日常业务处理，包括销售业务的日常处理，如报价、订货、发货、开票等业务，支持普通销售、委托代销、分期收款、直运、零售、销售调拨等多种类型的销售业务，可以进行现结业务、代垫费用、销售支出的业务处理，可以制订销售计划，对价格和信用进行实时监控。

（3）账表管理，通过系统自定义账表，包括销售统计表、明细账，明细分析、综合分析等。

4. 库存管理系统的主要功能

库存管理系统是"用友 ERP-U8"供应链的重要子系统，能够满足采购入库、销售出库、产成品入库、材料出库、其他出入库、盘点管理等业务需要，提供仓库货位管理、批次管理、保质期管理、出库跟踪、入库管理、可用量管理等全面的业务应用。库存管理系统可以单独使用，也可以与采购管理系统、销售管理系统、物料需求计划系统、存货核算系统集成使用。

库存管理系统适用于各种类型的工业、商业企业，着重实现工业、商业企业库存管理方面的需求，覆盖目前企业大部分库存管理工作。库存管理系统中提供了初始设置、日常业务处理、条形码管理、特殊业务处理、账表管理等功能。

（1）初始设置，包括基础档案设置，系统选项、单据设计、期初数据等的维护。

（2）日常业务处理，包括出入库和库存管理的日常业务处理等。

（3）条形码管理，包括条形码规则设置、规则分配、条形码生成等处理。

（4）特殊业务处理，包括批次冻结、失效日期维护、远程应用、整理现存量、对账结账等。

（5）账表管理，包括库存账、批次账、货位账、统计表、储备分析账表的管理等。

5. 存货核算系统的主要功能

存货是指企业在生产经营过程中为销售或耗用而储存的各种资产，包括商品、产成品、半成品、在产品以及各种材料、燃料、包装物、低值易耗品等。

存货是保证企业生产经营过程顺利进行的必要条件。为了保障生产经营过程连续不断地进行，企业要不断地购入、耗用或销售存货。存货是企业的一项重要的流动资产，其价值在企业流动资产中占有很大的比重。

存货核算系统是"用友 ERP-U8"供应链的主要组成部分。存货核算是从资金的角度管理存货的出入库业务，主要用于核算存货的入库成本、出库成本、结余成本，反映和监督存货的收发、领退和保管情况，反映和监督存货资金的占用情况。

存货核算系统中提供了初始设置、日常业务处理、业务核算、财务核算、账表管理等功能。

（1）初始设置，包括系统参数定义，存货及对方科目、存货单价、差价率，存货仓库对应关系设置，期初数据录入等。

（2）日常业务处理。存货系统的日常业务主要是进行日常存货核算业务数据的录入和成本核算。在与采购、销售、库存等系统集成使用时，本系统主要完成从其他系统传来的不同业务类型下各种存货的出入库单据、调整单据的查询，及单据部分项目的修改、成本计算等。在单独使用本系统时，完成各种出入库单据的增加、修改、查询及出入库单据的调整、成本计算等。

（3）业务核算，主要是对单据进行出入库成本的计算、结算成本的处理、产成品成本的分配、期末处理等。

（4）财务核算，主要是生成凭证传递至总账、与总账对账等。

（5）账表管理。本系统可查询存货的明细账、总账、出入库流水账、发出商品明细账、个别计价明细账等账簿；可查询入库汇总表、出库汇总表、差异分摊表、收发存汇总表、暂估材料、商品余额表等汇总表；可查询存货周转率分析表、ABC 成本分析表、库存资金占用分析表、库存资金占用规划表、入库成本分析表等。

五、各系统的数据传递关系

总账系统属于财务系统的核心部分，财务系统是"用友 ERP-U8"软件的核心子系统，总账系统要接收来自应收、应付系统，固定资产系统，薪资管理系统，存货核算系统，成本管理系统，网上银行，报账中心等子系统的数据，同时又为 UFO 报表系统、管理驾驶舱、财务分析系统等子系统提供数据来源，生成财务报表及其他财务分析表。不同系统之间的关系如图 3-1 所示。

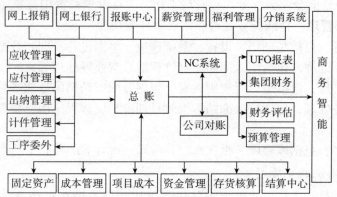

图 3-1 各系统的数据传递关系

 **思考题**

1. 简述"用友 ERP-U8"系统的特点。
2. 简述"用友 ERP-U8"系统核心子系统的主要功能。
3. 用图表示"用友 ERP-U8"软件中各系统的数据传递关系。

第四章 系统管理与财务处理系统初始化

📝 学习目的及要求

1. 熟悉系统管理模块的功能；掌握建立账套、操作员及权限设置的有关知识和方法；掌握账套管理和年度账套管理的方法。

2. 熟悉基础档案的内容；了解基础档案的作用；掌握各种基础档案的设置方法。

3. 理解总账系统业务控制参数的作用，掌握其设置方法；掌握设置会计科目的原则、方法；掌握设置各种辅助账的作用和方法；掌握设置外币及汇率、凭证类别和结算方式的作用与方法；掌握设置期初余额的要求、方法以及试算平衡的方法。

🔷 课程思政

《刑法》第二百一十九条规定："有下列侵犯商业秘密行为之一，给商业秘密的权利人造成重大损失的，处三年以下有期徒刑或者拘役，并处或者单处罚金；造成特别严重后果的，处三年以上七年以下有期徒刑，并处罚金。"因此，要引导学生遵循保密原则，未经特别授权，不得将其掌握的经营意向、客户、供应商、决策资料，公司有关规章制度，证件及会计载体等出借、出租或复印、拷贝给任何人使用。

第一节 系统管理

"用友 ERP-U8"管理软件是由多个子系统组成的，各个系统之间相互联系，数据共享，完整实现财务、业务一体化的管理。一体化的管理模式，要求各个子系统具备公用的基础信息，拥有相同的账套和年度账，角色、操作员和权限集中管理，业务数据共用一个数据库。因此，需要一个平台来进行集中管理，而系统管理模块就是这样一个平台。系统管理模块的优点是对企业的信息化管理人员进行集中管理、及时监控，随时掌握企业的信息系统状态。系统管理的使用者为企业的信息管理人员，包括系统管理员（admin）、安全管理员（sadmin）、企业管理员和账套主管。

一、系统注册

在"用友 ERP-U8"V10.1 系统中，系统管理员、安全管理员、企业管理员和账套主管看到的登录界面是有差异的，系统管理员、安全管理员登录界面只包括服务器、操作员、密码、语言区域；而企业管理员、账套主管则包括服务器、操作员、密码、账套、操作日期、语言区域。

系统管理员、安全管理员、企业管理员和账套主管可操作的权限明细如表 4-1 所示。

表 4-1　各类管理员和账套主管的权限明细

主要功能	详细功能 1	详细功能 2	系统管理员（admin）	安全管理员（sadmin）	企业管理员	账套主管
账套操作	账套建立	建立新账套	Y	N	N	N
		建立账套库	N	N	N	Y
	账套修改		N	N	N	Y
	数据删除	账套数据删除	Y	N	N	N
		账套库数据删除	N	N	N	Y
	账套备份	账套数据输出	Y	N	N	N
		账套库数据输出	N	N	N	Y
	设置备份计划	设置账套数据备份计划	Y	N	N	N
		设置账套库数据备份计划	Y	N	Y	Y
		设置账套库增量备份计划	Y	N	Y	Y
	账套数据引入	账套数据引入	Y	N	N	N
		账套库数据引入	N	N	N	Y
	升级 SQL Server 数据		Y	N	Y	Y
	语言扩展		N	N	N	Y
	清空账套库数据		N	N	N	N
	账套库初始化		N	N	N	Y
操作员权限	角色	角色操作	Y	N	Y	N
	企业	企业操作	Y	N	Y	N
	权限	设置普通企业、角色权限	Y	N	Y	Y
		设置管理员企业权限	Y	N	N	N

续表

主要功能	详细功能1	详细功能2	系统管理员（admin）	安全管理员（sadmin）	企业管理员	账套主管
其他操作	安全策略		N	Y	N	N
	数据清除及还原	日志数据清除及还原	N	Y	N	N
		工作流数据清除及还原	Y	N	N	N
	清除异常任务		Y	N	Y	N
	清除所有任务		Y	N	Y	N
	清除选定任务		Y	N	Y	N
	清退站点		Y	N	Y	N
	清除单据锁定		Y	N	Y	N
	上机日志		Y	N	Y	N
	视图	刷新	Y	Y	Y	Y

注：Y 表示具有权限，N 表示不具备权限；企业管理员可操作的功能，以其实际拥有的权限为准，本表中以最大权限为例。

企业运行"用友 ERP-U8"管理软件的所有系统管理模块，注册登录的主要操作步骤如下：

（1）启动系统管理。执行"开始→所有程序→用友 U8V10.1→系统服务→系统管理"指令，启动系统管理，如图 4-1 所示。

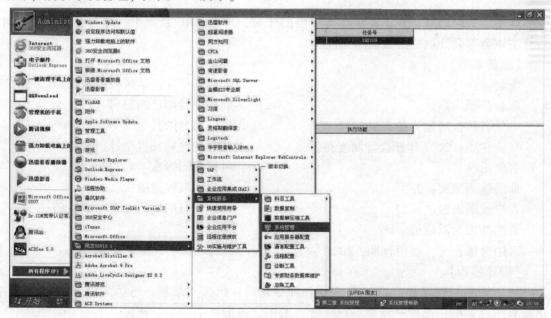

图 4-1 启动系统管理

（2）执行"系统→注册"指令，进入"登录"对话框，如图4-2所示。

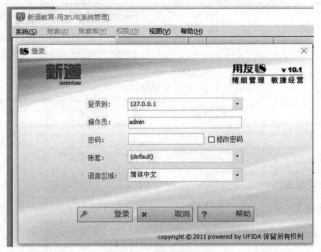

图4-2　"登录"对话框

（3）选择登录到的服务器：在客户端登录，选择服务端的服务器名称（标识）；在服务端或单机企业则选择本地服务器名称（标识）。

（4）输入操作员名称和密码。

第一次登录运行系统，用系统管理员登录，密码为空，选择系统默认账套，单击"登录"按钮即可登录系统管理。

二、建立账套

在使用系统之前，首先要新建本单位的账套，即在ERP系统中，建立存放一个会计核算主体全部会计数据的数据库文件。

【实务案例】

账套号：111　　　　　　　　　　　　账套名称：鸿达科技有限公司

账套路径为默认　　　　　　　　　　　启用会计期：2023年12月

单位名称：鸿达科技有限公司　　　　　单位信息的其他项为空

行业性质：2007年新会计制度科目　　　按行业性质预置会计科目

有外币核算　　　　　　　　　　　　　科目编码级次：42222

部门编码级次：22　　　　　　　　　　供应商权限组级次：22

客户权限组级次：22　　　　　　　　　其他项目的编码方案为默认值

数据精度为默认值

启用总账系统，启用日期：2023年12月1日

【操作步骤】

（1）以系统管理员"admin"身份注册登录后，执行"账套→建立"指令，进入"创建账套"对话框，选择"新建空白账套"选项，单击"下一步"按钮。

（2）输入账套信息。根据提供的资料输入相关信息，如图4-3所示。输入完成后，单击"下一步"按钮。

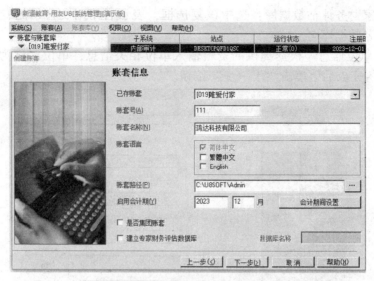

图4-3 "账套信息"选项卡

"账套信息"选项卡中各栏目说明如下：

◆已存账套：系统将现有的账套以下拉列表框的形式在此栏目中表示出来，企业只能查看或选择，而不能输入或修改；其作用是在建立新账套时可以明晰已经存在的账套，避免在新建账套时重复建立。

◆账套号：用来输入新建账套的编号，企业必须输入，可输入3个字符（只能是001~999之间的数字，而且不能是已存账套中的账套号）。

◆账套名称：用来输入新建账套的名称，作用是标识新账套的信息，企业必须输入。可以输入40个字符。

◆账套语言：用来选择账套数据支持的语种，也可以在以后通过语言扩展对所选语种进行扩充。

◆账套路径：用来输入新建账套所要被保存的路径，企业必须输入，可以参照输入，但不能是网络路径中的磁盘。

◆启用会计期：用来输入新建账套将被启用的时间，具体到"月"，企业必须输入。

◆会计期间设置：因为企业的实际核算期间可能和自然日期不一致，所以系统提供此功能进行设置。企业在输入"启用会计期"后，单击"会计期间设置"按钮，系统会自动弹出会计期间设置界面。系统根据对"启用会计期"的设置，自动将启用月份以前的日期标识为不可修改；而将启用月份以后的日期（仅限于各月的截止日期，至于各月的初始日期则随上月截止日期的变动而变动）标识为可以修改。企业可以任意设置。

企业可根据需要任意设置会计期间。例如本企业每月25日结账，那么可以在"会计日历-建账"界面双击可修改日期部分（白色部分），在显示的会计日历上输入每月结账日期，下月的开始日期为上月截止日期加1日（26日），12月份以12月31日为截止日期。设置完成后，企业每月25日为结账日，25日以后的业务记入下个月。每月的结账日期可以不同，但其开始日期为上一个截止日期的下一天。输入完成后，单击"下一步"按钮，进行第二步设置；单击"取消"按钮，取消此次建账操作。

◆是否集团账套：选中该复选按钮表示要建立集团账套，可以启用集团财务等集团性质的子系统。

◆建立专家财务评估数据库：选中该复选框，表示启用用友公司的专业报表分析系统，需在此命名数据库名。

（3）输入单位信息。根据提供的资料输入单位相关信息，单位名称为必输项，如图4-4所示。输入完成后，单击"下一步"按钮。

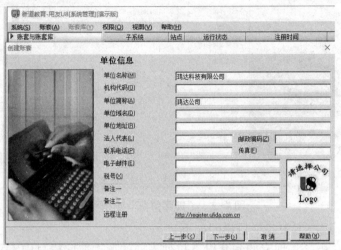

图4-4 "单位信息"选项卡

（4）核算类型设置。根据提供的资料设置核算类型，如图4-5所示。输入完成后，单击"下一步"按钮。

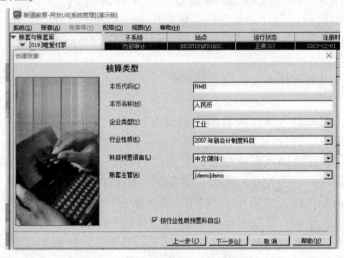

图4-5 "核算类型"选项卡

"核算类型"选项卡中，各栏目说明如下。

◆本币代码：用来输入新建账套所用的本位币的代码，系统默认的是"人民币"的代码"RMB"。

◆本币名称：用来输入新建账套所用的本位币的名称。系统默认的是"人民币"，此项为必有项。

◆企业类型：企业必须从下拉列表框中选择输入与自己企业相同或最相近的类型。

◆行业性质：企业必须从下拉列表框中选择输入本单位所处的行业性质。选择适用于企业的行业性质，这为下一步"按行业性质预置科目"确定科目范围，并且系统会根据企业所选行业（工业和商业）预制一些行业的特定方法和报表。

◆科目预置语言：企业必须从下拉列表框中选择科目显示的语言，如中文（简体）、中文（繁体）、其他。

◆账套主管：用来确认新建账套的账套主管，企业只能从下拉框中选择输入。对于账套主管的设置和定义请参考操作员和划分权限。

◆按行业性质预置科目：如果企业希望采用系统预置所属行业的标准一级科目，则在该选项前打钩，那么进入系统后，会显示已经预设的会计科目；如果不选该选项，则由企业自己设置会计科目。输入完成后，单击"下一步"按钮，进行基础信息设置。

（5）基础信息设置。用于选择本单位的基础信息，如图4-6所示。

"基础信息"选项卡中，各栏目说明如下。

◆存货是否分类：如果单位的存货较多，且类别繁多，可以选中"存货是否分类"复选按钮，表明要对存货进行分类管理；如果单位的存货较少且类别单一，也可以选择不进行存货分类。注意，如果选择了存货要分类，那么在进行基础信息设置时，必须先设置存货分类，然后才能设置存货档案。

◆客户是否分类：如果单位的客户较多，且希望进行分类管理，可以选中"客户是否分类"复选按钮，表明要对客户进行分类管理；如果单位的客户较少，也可以选择不进行客户分类。注意，如果选择了客户要分类，那么在进行基础信息设置时，必须先设置客户分类，然后才能设置客户档案。

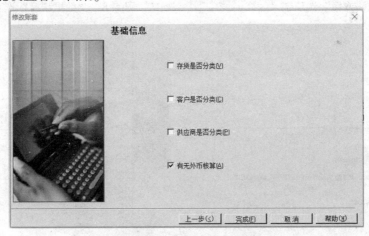

图4-6　"基础信息"选项卡

◆供应商是否分类：如果单位的供应商较多，且希望进行分类管理，可以选中"供应商是否分类"复选按钮，表明要对供应商进行分类管理；如果单位的供应商较少，也可以选择不进行供应商分类。注意，如果选择了供应商要分类，那么在进行基础信息设置时，必须先设置供应商分类，然后才能设置供应商档案。

◆有无外币核算：如果单位有外币业务，如用外币进行交易业务或用外币发放工资等，可以选中"有无外币核算"复选按钮。

上述设置完成后，单击"完成"按钮，系统提示"可以创建账套了吗?"，单击"是"按钮完成上述信息设置，进行后续设置；单击"否"按钮返回上一步；单击"取消"按钮，取消此次建账操作。

（6）建账完成后，可以继续进行相关设置，也可以之后从企业应用平台中进行设置。

继续操作：系统进入"编码方案"设置，如图4-7所示；然后进入"数据精度"设置，如图4-8所示。完成后，单击"确定"按钮，系统会有建账成功提示，并可选择是否此时进行系统启用设置，如图4-9所示。如果单击"是"按钮，可进行系统启用设置，此时选中"总账"复选按钮，设置启用时间为"2023年12月1日"，如图4-10所示；单击"否"按钮，则退出，以后可从"企业应用平台→基础设置→基本信息"进入，然后进行系统启用设置。

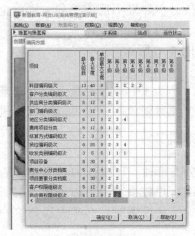

图4-7　"编码方案"选项卡

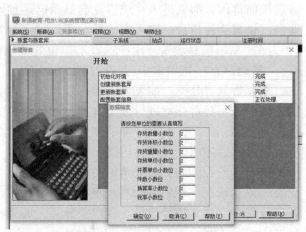

图4-8　"数据精度"选项卡

图4-9　建账成功

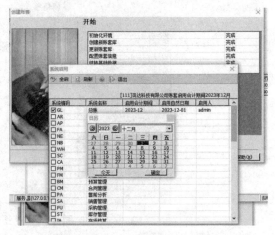

图4-10　"系统启用"对话框

三、操作员及权限设置

（一）角色

角色是指在企业管理中拥有某一类职能的组织，这个组织可以是实际的部门，也可以是由拥有同一类职能的人构成的虚拟组织。例如，实际工作中最常见的会计和出纳两个角色，他们可以是一个部门的人员，也可以是不同部门但工作职能一样的角色的统称。在设置角色后，可以定义角色的权限，同一角色应具有相同的权属。定义角色权限功能的好处是方便控制操作员权限，依据职能统一进行权限的划分，还可以进行账套中角色的增加、删除、修改等维护工作。假设鸿达科技有限公司的主要角色为系统默认角色。

（二）用户（操作员）

本功能主要完成本账套用户的增加、删除、修改等维护工作。设置用户后系统对于登录操作，要进行相关的合法性检查，其作用类似于 Windows 的用户账号，只有设置了具体的用户之后，才能进行相关的操作。

【实务案例】

鸿达科技有限公司的会计电算化系统操作员如表 4-2 所示。

表 4-2　操作员及其权限

操作员编号	操作员姓名	系统权限
201	陈会计	账套主管
202	刘会计	总账
203	李会计	出纳

【操作步骤】

（1）在"系统管理"中执行"权限→用户"指令，进入"用户管理"窗口。

（2）在"用户管理"界面单击"增加"按钮，调出"操作员详细情况"设置界面，如图4-11所示。根据提供的资料设置编号、姓名、用户类型、认证方式、口令、所属部门、E-mail地址、手机号、默认语言等内容，然后在"所属角色"选项组中选中相应的复选按钮。设置完成后单击"增加"按钮，保存新增信息。

图 4-11　"操作员详细情况"设置界面

"用户（操作员）"的修改：选中要修改的用户信息，单击"修改"按钮，可进入修改状态，但已启用用户只能修改口令、所属部门、E-mail 地址、手机号和所属角色等信息。此时系统会在"姓名"后出现"注销当前用户"的按钮，如果需要暂时停止使用该用户，则单击此按钮。

"用户（操作员）"的删除：选中要删除的用户，单击"删除"按钮，可删除该用户。已启用的用户不能删除。

刷新：在增加了用户之后，无法立刻在用户列表中看到该用户。此时单击"刷新"按钮，可以进行页面的更新，即可显示当前新增用户。

退出：单击"退出"按钮，退出当前的功能界面。

（三）划分权限

随着经济的发展，企业对管理的要求不断变化、提高，越来越多的信息都表明权限管理必须向更细、更深的方向发展。"用友 ERP-U8"提供集中权限管理，除了提供企业对各模块操作的权限之外，还相应提供金额的权限管理和对于数据的字段级和记录级的控制，不同的组合方式为企业的控制提供有效的方法。"用友 ERP-U8"可以实现三个层次的权限管理。

（1）功能级权限管理：该权限提供划分更为细致的功能级权限管理功能，包括各功能模块相关业务的查看和分配权限。

（2）数据级权限管理：该权限可以通过两个方面进行权限控制，一个是字段级权限控制，另一个是记录级的权限控制。

（3）金额级权限管理：该权限主要用于完善内部金额控制，对具体金额数量划分级别，对不同岗位和职位的操作员进行金额级别控制，限制他们制单时可以使用的金额数量，不涉及内部系统控制的则不在管理范围内。

功能级权限在"系统管理"中进行设置，数据级权限和金额级权限在"企业应用平台→系统服务→权限"中进行设置。对于数据级权限和金额级权限的设置，必须是在系统管理的功能级权限设置之后才能进行。

（1）以系统管理员身份注册、登录，执行"权限→权限"指令，进行功能权限分配。

（2）选择套账"［111］鸿达科技有限公司"，从操作员列表中选择操作员，单击"修改"按钮后，为其设置相关权限。系统提供 52 个子系统的功能权限的分配，展开可以看到各个子系统的详细功能。当选中相关权限所对应的复选按钮后，系统将权限分配给当前的用户。如果选中目录的上一级，则相应下级权限全部为选中状态，如图 4-12 所示。

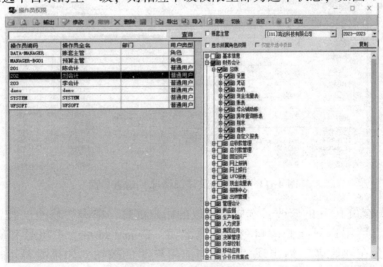

图 4-12　"操作员权限"界面

四、账套管理

(一) 修改账套

当系统管理员建完账套后, 在未使用相关信息的基础上, 为使信息更真实准确地反映企业的相关内容时, 可以进行适当调整。只有账套主管可以修改其具有权限的账套库中的信息, 系统管理员无权修改。

【操作步骤】

(1) 以账套主管的身份注册, 选择相应的账套, 进入 "系统管理" 界面, 执行 "账套→修改" 指令, 进入修改账套界面。

进入系统后, 可以修改的信息主要有:

①账套信息: 账套名称。

②单位信息: 所有信息。

③核算信息: 行业性质。

④编码方案: 所有方案。

⑤数据精度: 所有数据。

(2) 修改完相应信息后, 单击 "完成" 按钮, 保存修改内容; 如放弃修改, 则单击 "放弃" 按钮。

在账套的使用中, 可以修改本年未启用的会计期间的开始日期和终止日期, 即只有没有业务数据的会计期间可以修改其开始日期和终止日期; 只有账套管理员才有权限修改相应的账套。

例如, 若第 4 个会计期间为 3 月 26 日—4 月 25 日, 现业务数据已经做到第 4 个会计期间, 则不允许修改第 4 个会计期间的起始日期, 只允许将第 4 个会计期间的终止日期修改成 4 月 25 日之后的日期 (如 4 月 28 日), 且不允许将第 5 个会计期间的起始日期修改成 4 月 26 日之前的日期 (如 4 月 23 日)。

(二) 引入账套

引入账套功能是指将系统外某账套数据引入本系统中。该功能有利于集团公司的操作, 子公司的账套数据可以定期被引入母公司系统中, 以便进行有关账套数据的分析和合并工作。

系统管理员在 "系统管理" 界面, 执行 "账套→引入" 指令, 进入引入账套的界面, 选择所要引入的账套数据备份文件和引入账套的存放路径, 单击 "确定" 按钮表示确认; 如想放弃, 则单击 "取消" 按钮。

(三) 输出账套

输出账套功能是指将所选的账套数据进行备份输出。对于企业系统管理员来讲, 定时将企业数据备份出来存储到不同的介质 (如 U 盘、移动硬盘、网络磁盘等), 对数据的安全性是非常重要的。如果企业由于不可预知的原因 (如地震、火灾、计算机病毒、人为的误操作等) 需要对数据进行恢复, 此时备份数据就可以将企业的损失降到最小。当然, 对于异地管理的公司, 此种方法还可以解决审计和数据汇总的问题。各企业应根据实际情况加以应用。

【操作步骤】

（1）以系统管理员身份注册，进入"系统管理"模块。执行"账套→输出"指令，进入账套输出界面。

（2）在账套输出界面中的"账套号"处选择需要输出的账套，在"输出文件位置"处选择输出账套保存的路径，单击"确认"按钮进行输出。

需要注意的是，只有系统管理员（admin）有权限进行账套输出。如果选中了"删除当前输出账套"复选按钮，在输出完成后系统会确认是否将数据源从当前系统中删除；正在使用的账套系统不允许删除。

五、账套库管理

（一）新账套库建立

"用友 ERP-U8"支持在一个账套库中保存连续多年数据，理论上一个账套可以在一个账套库中一直使用下去。但是由于某些原因，比如需要调整重要基础档案、调整组织机构、调整部分业务等，或者一个账套库中数据过多影响业务处理性能，需要使用新的账套库并重置一些数据，这时就需要新建账套库。

新账套库的建立是在已有账套库的基础上。通过新账套库建立，可自动将老账套库的基本档案信息结转到新的账套库中；对于以前业务系统余额等信息需要在新账套库初始化操作完成后，由老账套库自动转入新账套库的数据中。

【操作步骤】

（1）以账套主管的身份注册，选定需要进行建立新库的账套和上一年的时间，进入"系统管理"界面。例如，需要建立"111 账套"的 2024 年新账套库，此时就要登录"111 账套"中包含 2023 年数据的那个账套库。

（2）在"系统管理"界面，执行"账套库→建立"指令，进入建立账套库界面。

在"用友 ERP-U8"中，账套和账套库是有一定的区别的，具体体现在：账套是账套库的上一级，账套是由一个或多个账套库组成，一个账套库含有一年或多年使用数据。一个账套对应一个经营实体或核算单位，账套中的某个账套库对应这个经营实体的某年度区间内的业务数据。例如，建立账套"111 正式账套"后在 2023 年使用，然后在 2024 年的期初建2024 账套库后使用，则"111 正式账套"具有两个账套库，即"111 正式账套 2023 年"和"111 正式账套 2024 年"；如果希望连续使用也可以不建立新的账套库，直接录入 2024年数据，则"111 正式账套"具有一个账套库即"111 正式账套 2023—2024 年"。

对于拥有多个核算单位的客户，可以拥有多个账套（最多可以拥有 999 个账套）。

区分账套与账套库两个层级的好处在于：便于企业的管理，如进行账套的上报，跨年度区间的数据管理结构调整等；方便数据备份输出和引入；减少数据的负担，提高应用效率。

（二）账套库初始化

新建账套库后，为了支持新、旧账套库之间业务衔接，可以通过账套库初始化功能将上一个账套库中相关模块的余额及其他信息结转到新账套库中。为了统计分析的规整性，每个账套库包含的数据都以年为单位，上一账套库的结束年加 1 就是新账套库的开始年。

【操作步骤】

（1）以账套主管的身份注册进入"系统管理"界面，执行"账套库→账套库初始化"指令，进入"账套库初始化"界面。系统显示将要初始化的账套以及数据结转的年度，这些都是用于确认的，是不可修改的。

（2）选择需要结转的业务档案和余额信息，已结转过的系统会将其设置为粉红色，如图4-13所示。

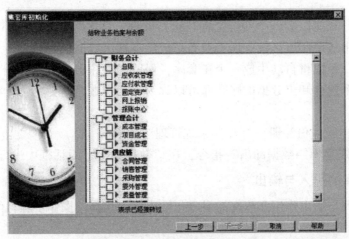

图4-13　"账套库初始化"界面

（3）根据选择内容进行数据检查，系统将分别检查上一账套库的数据是否满足各项结转要求，并列出详细检查结果。如果不满足结转要求，则不允许继续结转。

（4）如果检查全部通过，单击"下一步"按钮，弹出待结转系统的列表，然后单击"结转"按钮就开始按照列表逐项结转。

（5）如果第（3）步没有全部选择结转，以后还可以再次进入本功能结转其他数据，或清空对应业务系统的数据后再次结转。

需注意的是，如果登录账套库的上一个账套库不存在，则不能进行初始化；该账套库如果进行过数据卸出操作，也不能进行初始化。

（三）清空账套库数据

有时，企业会发现某账套库中错误太多，或不希望将上一账套库的余额或其他信息全部转到下一年度，这时候，便可使用清空账套库数据的功能。"清空"并不是指将账套库的数据全部清空，而是要保留一些信息的，需要保留的信息主要有基础信息、系统预置的科目及报表等。保留这些信息主要是为了方便企业使用清空后的账套库重新做账。

【操作步骤】

（1）以账套主管的身份注册，选定账套和登录时间，进入"系统管理"界面。

（2）在"系统管理"界面，执行"账套库→清空账套库数据"指令。

（3）账套主管可在界面中的会计年度栏目确认要清空的账套库的年度区间（仅供确认，不可修改），同时做好清空前的备份，选择输出路径，单击"确定"按钮确认。这时为保险起见，系统还将弹出一界面，要求企业再度进行确认；如果想放弃，则直接单击"放弃"按钮。单击"确认"按钮后，系统进入清空界面，进行清空账套库数据操作。

（4）账套库数据清空后，系统弹出确认界面，单击"确认"按钮完成清空账套库数据操作。

（四）数据卸出

一个账套库中包含过多年份数据，可能会因体积过于庞大而影响业务处理性能，此时可以通过数据卸出功能把一些历史年度的历史数据卸出，减小本账套库的体积，提高系统运行效率。

数据卸出时，只能以会计"年"为单位进行处理，从本账套库的最小年度开始，到指定年度结束，卸出这个年度区间中所有业务系统的不常用数据。

数据卸出后，系统将自动生成一个账套库，保留这些卸出的数据，相对于当前使用的账套库来说，这个包含卸出数据的账套库可以称为"历史账套库"。

【操作步骤】

（1）以账套主管身份注册，打开"系统管理"界面。

（2）执行"账套库→数据卸出"指令，在"数据卸出"对话框中进行数据卸出处理。

（五）账套库的引入与输出

账套库的引入与输出作用和账套的引入与输出作用相同，操作步骤相似。

第二节　财务公共基础档案设置

一、基本信息

建账完成后，如未及时设置编码方案、数据精度，启用子系统，或需修改以前设置的编码方案、数据精度、会计期间以及启用子系统，可执行"开始→程序→用友 ERP-U8 V10.1→企业应用平台"指令，进入"登录"对话框。以账套主管的身份登录系统，选择账套"111 鸿达科技有限公司"；单击"确认"按钮，进入"UFIDA U8"界面；从"企业应用平台→基础设置→基本信息"进入进行系统启用设置，或修改已设置的信息。

（一）系统启用

"系统启用"功能用于系统的启用，记录启用日期和启用人。要对某个系统进行操作必须先启用此系统。在企业应用平台中，执行"基础设置→基本信息→系统启用"指令，进入"系统启用"对话框，选中需启用系统的复选框按钮。只有系统管理员和账套主管有系统启用权限。在启用会计期间内输入启用的年、月数据，单击"确认"按钮后，保存此次的启用信息，并将当前操作员写入启用人。

（二）编码方案

为了便于企业进行分级核算、统计和管理，"用友 ERP-U8"V10.1 系统可以对基础数据的编码进行分级设置，可分级设置的内容有科目编码、客户分类编码、部门编码、存货分类编码、地区分类编码、货位编码、供应商分类编码、收发类别编码和结算方式编码等。

编码级次和各级编码长度的设置将决定企业如何编制基础数据的编号，进而构成企业分级核算、统计和管理的基础。

（1）科目编码级次。系统最大限制的科目编码级次为十三级四十位，且任何一级的最大长度都不得超过九位编码。一般单位用"42222"即可。企业在此设定的科目编码级次和长度将决定企业的科目编号如何编制。例如，某单位将科目编码设为"42222"，则进行科目编号时一级科目编码是四位长，二至五级科目编码均为两位长；又如某单位将科目编码长度设为"4332"，则进行科目编号时一级科目编码为四位长，二、三级科目编码为三位长，四级科目编码为两位长。

（2）客户分类编码级次。系统最大限制的客户分类编码依次为五级十二位，且任何一级的最大长度都不得超过九位编码。

（3）供应商编码级次、存货分类编码级次、货位编码级次、收发类别编码级次等同理。

如果在建立账套时设置了存货（或客户、供应商）不需分类，则在此不能进行存货分类（或客户分类、供应商分类）的编码方案设置。

二、基础档案

设置基础档案就是把手工资料经过加工整理，根据本单位建立信息化管理的需要，建立软件系统应用平台。

基础档案的设置如图4-14所示。

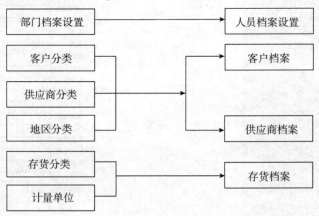

图4-14　基础档案设置

（一）机构人员（部门档案、人员档案）

1. 部门档案

部门档案主要用于设置企业各个职能部门的信息。部门指某使用单位下辖的具有分别进行财务核算或业务管理要求的单元体，不一定是实际中的部门机构。企业可按照已经定义好的部门编码级次原则输入部门编号及其信息。

【实务案例】

鸿达科技有限公司的部门档案如表4-3所示。

表 4-3　部门档案

编号	名　称
01	办公室
02	财务部
03	生产部
04	采购部
05	销售部

【操作步骤】

（1）在企业应用平台中，执行"基础设置→基础档案→机构人员→部门档案"指令，进入"部门档案"设置主界面。

（2）单击"增加"按钮，在编辑区输入部门编码、部门名称、负责人、部门属性、电话、地址、备注、信用额度、信用等级等信息，单击"保存"按钮保存此次增加的部门档案信息。

（3）再次单击"增加"按钮，可继续增加其他部门信息，如图4-15所示。

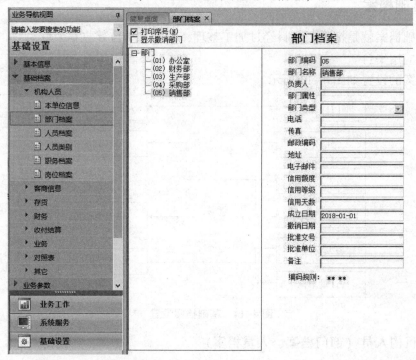

图 4-15　"部门档案"界面

修改部门档案：在"部门档案"左边，将光标定位到要修改的部门编码上，单击"修改"按钮，即处于修改状态，除部门编号不能修改，其他信息均可修改。

删除部门档案：单击左边目录树中要删除的部门，背景显示蓝色表示选中，单击"删除"按钮即可删除此部门。注意，若部门被其他对象引用后就不能被删除。

刷新档案记录：在网络操作中，可能同时有多个操作员在操作相同的目录，单击"刷新"按钮，即可查看其他有权限的操作员新增或修改的目录信息。

2. 人员类别档案

人员类别档案指对企业的人员类别进行的分类设置和管理。

【实务案例】

鸿达科技有限公司的人员类别如表4-4所示。

表4-4　人员类别

人员类别编码	人员类别名称
101	正式工
102	合同工
103	实习生

【操作步骤】

（1）在企业应用平台中，执行"基础设置→基础档案→机构人员→人员类别"指令，进入"人员类别"设置主界面。

（2）单击"增加"按钮，显示"添加职员类别"空白页，可根据企业的实际情况，在相应栏目中输入适当内容。

（3）单击"保存"按钮，保存此次增加的人员类别信息。

（4）再次单击"增加"按钮，可继续增加其他类别信息。

3. 人员档案

人员档案即职员档案，主要用于记录本单位使用系统的职员列表，包括职员编号、名称、所属部门及职员属性等。

【实务案例】

鸿达科技有限公司的人员档案如表4-5所示。

表4-5　人员档案

职员编号	职员名称	性别	所属部门	是否操作员	是否业务员	人员类别	雇佣状态
101	林　越	男	办公室	否	是	正式工	在职
201	陈会计	女	财务部	是	是	正式工	在职
202	刘会计	女	财务部	是	是	正式工	在职
203	李会计	男	财务部	是	是	正式工	在职
301	孙贵武	男	生产部	否	是	正式工	在职
302	刘　朋	男	生产部	否	是	正式工	在职
401	赵　巍	男	采购部	否	是	正式工	在职
501	吴　宇	男	销售部	否	是	正式工	在职

【操作步骤】

（1）在企业应用平台中，执行"基础设置→基础档案→机构人员→人员档案"指令，进入"人员档案"窗口。

（2）在左侧部门目录中选择要增加人员的末级部门，单击"增加"按钮，显示"添加职员档案"空白页，根据实际情况在相应栏目中输入适当内容，其中蓝色名称为必输项，如图 4-16 所示。

（3）单击"保存"按钮，保存此次增加的人员档案信息。

（4）再次单击"增加"按钮，可继续增加其他人员信息。

图 4-16　"人员档案"界面

人员档案设置界面以及其他基础档案设置界面的"修改""删除"等功能按钮的操作与部门档案的功能操作类似。

（二）供应商、客户信息（供应商、客户分类和档案）

1. 供应商分类

企业可以根据自身管理的需要对供应商进行分类管理，建立供应商分类体系。可将供应商按行业、地区等进行划分，设置供应商分类后，根据不同的分类建立供应商档案。

2. 客户分类

企业可以根据自身管理的需要对客户进行分类管理，建立客户分类体系。可将客户按行业、地区等进行划分，设置客户分类后，根据不同的分类建立客户档案。

3. 供应商档案

建立供应商档案主要是为企业的采购管理、库存管理、应付账管理服务的。在填制采购入库单、采购发票和进行采购结算、应付款结算和有关供货单位统计时都会用到供应商档案，因此应先设立供应商档案，以减少工作差错。在将单据信息录入系统时，如果单据上的供货单位不在供应商档案中，则必须在此建立该供应商的档案。供应商档案的栏目包括供应商的基本信息、联系信息、信用信息及其他信息，分别对应界面中的"基本""联系""信用""其他"选项卡等。

（1）供应商档案"基本"选项卡。"基本"选项卡中列示的供应商信息，如图 4-17 所示。

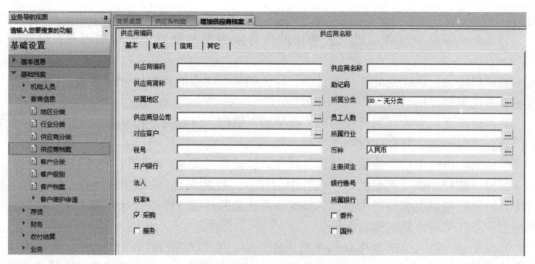

图4-17 供应商档案"基本"选项卡

本选项卡中蓝字名称的项目为必填项。

①供应商编码：供应商编码必须唯一；供应商编码可以用数字或字符表示，最多可输入 20 位数字或字符。

②供应商名称：可以是汉字或英文字母，最多可包含 49 个汉字或 98 个字符。供应商名称用于销售发票的打印，即打印出来的销售发票中供应商栏目显示的内容为供应商的全称。

③供应商简称：可以是汉字或英文字母，最多可包含 30 个汉字或 60 个字符。供应商简称用于业务单据和账表的屏幕显示，例如，屏幕显示的销售发货单的供应商栏目中显示的内容为供应商简称。

④助记码：系统根据供应商名称自动生成助记码，企业也可手工修改；通过在单据上录入助记码可快速找到供应商。

⑤所属地区：可输入供应商所属地区的代码；当输入系统中已存在代码时，自动转换成地区名称，显示在该栏目右侧的编辑框内。企业可以用参照输入法输入地区的分类码，即在输入所属地区码时用鼠标按参照键显示地区选择，然后在可供选择的选项中双击选定行或当光标位于选定行时单击"确认"按钮。

⑥所属分类：单击右侧参照按钮选择供应商所属分类，或者直接输入分类编码。

⑦供应商总公司：供应商总公司指当前供应商所隶属的最高一级的公司，该公司必须是已经通过供应商档案设置功能设定的另一个供应商。在供应商开票结算处理时，具有同一个供应商总公司的不同供应商的发货业务，可以汇总在一张发票中统一开票结算。

⑧员工人数：输入本企业员工人数时，只能输入数值，不能有小数。此信息为企业辅助信息，可以不填也可以随时修改。

⑨对应客户：在供应商档案中输入对应客户名称时不允许记录重复，即不允许有多个供应商对应一个客户的情况出现。例如，当在"001"供应商中输入了对应客户编码为"666"，则在保存该供应商信息同时需要将"666"客户档案中的对应供应商编码记录存为"001"。

⑩所属行业：供应商所归属的行业，可输入汉字。

⑪税号：供应商的工商登记税号，用于销售发票的税号栏内容的屏幕显示和打印

输出。

⑫币种：可参照选择或输入；所输的内容应为币种档案中的记录币种；默认为本位币。

⑬开户银行：供应商的开户银行的名称，如果供应商的开户银行有多个，在此处输入发生业务往来最常用的开户银行。

⑭注册资金：企业注册资金总额，必须输入数值，可以有2位小数。此信息为企业辅助信息，可以不填，可以随时修改。

⑮法人：供应商的企业法人代表的姓名，长度最长为40个字符，20个汉字。

⑯银行账号：供应商在其开户银行中的账号，可输入50位数字或字符。银行账号应对应开户银行栏目所填写的内容。如果供应商在某开户银行中银行账号有多个，在此处输入发生业务往来最常用的银行账号。

⑰税率%：采购单据和库存的采购入库单中，在取单据表体的税率时，优先按"选项"中设置的取价方式取税率，如果取不到或取价方式是手工录入的时候，按供应商档案上的"税率%"值、存货档案上的"税率%"值、表头税率值的优先顺序取税率。

⑱所属银行：可从下拉列表框中，选择供应商开户银行所属的银行名称。

⑲供应商属性：供应商属性共有4种类型，分别为"采购""委外""服务"和"国外"，根据实际情况勾选相应的复选按钮。"采购"属性的供应商用于采购货物时可选的供应商，"委外"属性的供应商用于委外业务时可选的供应商，"服务"属性的供应商用于费用或服务业务时可选的供应商。如果此供应商已被使用，则供应商属性不能删除修改，可增选其他项。

（2）供应商档案"联系"选项卡。"联系"选项卡中所示的供应商信息如图4-18所示。

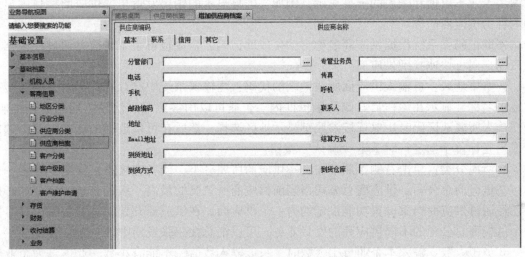

图4-18　供应商档案"联系"选项卡

①分管部门：该供应商归属分管的采购部门。

②专管业务员：该供应商由哪个业务员负责联系业务。

③电话、手机：可用于采购到货单的供应商电话栏内容的屏幕显示和打印输出。

④地址：可用于采购到货单的供应商地址栏内容的屏幕显示和打印输出，最多可输入127个汉字和255个字符。如果供应商的地址有多个，在此处输入发生业务往来最常用的

地址。

⑤E-mail 地址：最多可输入 127 个汉字和 255 个字符，需手工输入，可为空。

⑥结算方式：在收付款单据录入时可以根据选择的"供应商"带出"结算方式"，进而带出"结算科目"。

⑦到货地址：可用于采购到货单中到货地址栏的缺省取值，它可以与供应商地址相同，也可以不同。在很多情况下，到货地址是供应商主要仓库的地址。

⑧到货方式：可用于采购到货单中发运方式栏的默认值，输入系统中已存在代码时，自动转换成发运方式名称。

⑨到货仓库：可用于采购单据中仓库的默认值；输入系统中已存在代码时，自动转换成仓库名称。

（3）供应商档案"信用"选项卡。"信用"选项卡中所示的供应商信息如图 4-19 所示。

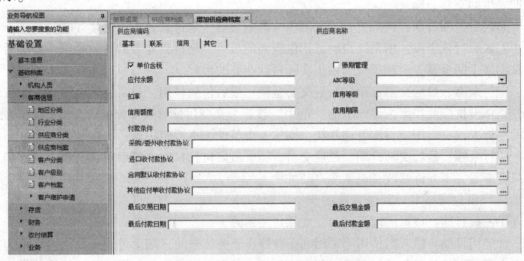

图 4-19　供应商档案"信用"选项卡

①单价含税：表示单价是含税价格还是不含税价格，若是则选中该复选按钮。

②账期管理：默认为否，且可修改。如果选中该复选按钮，则表示要对当前供应商进行账期的管理，且必须要选择立账依据。

③应付余额：供应商当前的应付账款的余额；由系统自动维护，企业不能修改该栏目的内容。

④ABC 等级：企业可根据该供应商的表现选择"A""B""C"三个信用等级符号，表示该供应商的信用等级，可随时根据实际发展情况予以调整。

⑤扣率：显示供应商在一般情况下给予的购货折扣率，可用于采购单据中折扣的默认值。

⑥信用等级：按照企业自行设定的信用等级分级方法，依据在供应商应付款项方面的表现，输入供应商的信用等级。

⑦信用额度：内容必须是数字，可保留两位小数，可以为空。

⑧信用期限：可作为计算供应商超期应付款项的计算依据，其度量单位为"天"。

⑨付款条件：可用于采购单据中付款条件的默认值；输入系统中已存在代码时，自动

转换成付款条件表示。

⑩采购/委外收付款协议：默认为空；企业可以修改，从收付款协议中选择。（支持立账的依据是采购入库单或代管挂账确认单的收付款协议。）

⑪进口收付款协议：默认为空；企业可以修改，从收付款协议中选择。（只支持立账依据是进口发票的收付款协议。）

⑫合同默认收付款协议：默认为空；企业可以修改，从收付款协议中选择。

⑬其他应付单收付款协议：默认为空；企业可以修改，从收付款协议中选择。

⑭最后交易日期：由系统自动显示供应商的最后一笔业务的交易日期，即在各种交易中业务日期最靠近的那天。例如，某供应商的最后一笔业务是开具一张采购发票，那么最后交易日期即为这张发票的发票日期。企业不能手工修改最后交易日期。

⑮最后交易金额：由系统自动显示供应商的最后一笔业务的交易金额，即在最后交易日期发生的交易金额。

⑯最后付款日期：由系统自动显示供应商的最后一笔付款业务的付款日期。

⑰最后付款金额：由系统自动显示供应商的最后一笔付款业务的付款金额，即最后付款日期发生的金额。金额单位为发生实际付款业务的币种。

应付余额、最后交易日期、最后交易金额、最后付款日期、最后付款金额这五个条件项，是单击供应商档案主界面上的"信用"按钮，在应付款管理系统中计算相关数据并显示的。如果没有启用应付款管理系统，则这五个条件项不可使用。

应付余额、最后交易日期、最后交易金额、最后付款日期、最后付款金额在基础档案中只可查看，不允许修改，由系统自动维护。

（4）供应商档案"其他"选项卡。

①发展日期：该供应商是何时建立供货关系的。

②停用日期：输入因信用等原因和企业停止业务往来的日期。停用日期栏内容不为空的供应商，在任何业务单据开具时都不能使用，但可进行查询。如果要使被停用的供应商放弃使用，将停用日期栏的内容清空即可。

③使用频度：供应商在业务单据中被使用的次数。

④对应条形码中的编码：最多可输入 30 个字符，可以随时修改，可以为空，不能重复。

⑤备注：如果还有关于该供应商的其他信息要说明的，可以在备注栏录入长度为 120 个汉字以内的内容。

⑥所属银行：付款账号默认时所属的银行。

⑦默认委外仓：该仓库用于指定该委外商倒冲领料的默认委外仓，在委外用料表的倒冲子件的默认仓库中，系统会自动带入这里指定的默认委外仓。

⑧建档人：在增加供应商记录时，系统自动将该操作员编码存入该记录中作为建档人，以后不管是谁修改这条记录均不能修改这一栏目，且系统也不能自动进行修改。

⑨所属的权限组：该项目不允许编辑，只能查看；该项目在数据分配权限中进行定义。

⑩变更人：新增供应商记录时变更人栏目存放的操作员与建档人内容相同，以后修改

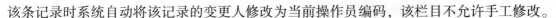

该条记录时系统自动将该记录的变更人修改为当前操作员编码，该栏目不允许手工修改。

⑪变更日期：新增供应商记录时变更日期存放当时的系统日期，以后修改该记录时系统自动将修改时的系统日期替换原来的信息，该栏目不允许手工修改。

⑫建档日期：自动记录该供应商档案建立日期，建立后不可修改。如果是以资质审批方式加入的供应商，取录入该供应商档案的时间。

【实务案例】

鸿达科技有限公司的供应商档案如表4-6所示。

表4-6　供应商档案

编号	名称	简称	税号	开户银行	账号
01	D工厂	D工厂	12345678901238	工行沈阳分行	12345678901288
02	E工厂	E工厂	98765432109878	工行石家庄分行	98765432109888

【操作步骤】

（1）在企业应用平台中，执行"基础设置→基础档案→客商信息→供应商档案"指令，进入"供应商档案"界面。

（2）单击"增加"按钮，进入增加状态。

（3）分别选择"基本""联系""信用""其他"选项卡，填写相关内容。

（4）单击"保存"按钮，保存此次增加的供应商档案信息；或单击"保存并新增"按钮，保存此次增加的供应商档案信息，并增加空白页供继续录入供应商信息。

4. 客户档案

本功能主要用于设置往来客户的档案信息，以便于对客户资料管理和业务数据的录入、统计、分析。如果建立账套时选择了客户分类，则必须在设置完成客户分类档案的情况下才能编辑客户档案。客户档案的栏目包括客户档案基本页、客户档案联系页、客户档案信用页、客户档案其他页等。其各页面栏目的含义及录入要求与供应商档案相似。

【实务案例】

鸿达科技有限公司的客户档案如表4-7所示。

表4-7　客户档案

编号	名称	简称	税号
01	国贸商城	国贸商城	25689222233588
02	G工厂	G工厂	78906543212388
03	H公司	H公司	56789012345688

【操作步骤】

客户档案的增加、修改和删除操作与供应商档案相同。

（三）存货（分类、计量单位和档案）

1. 存货分类

企业可以根据对存货的管理要求对存货进行分类管理，以便于对业务数据进行统计和分析。存货分类最多可分8级，编码总长不能超过30位，每级级长企业可自由定义。存货分类用于设置存货分类编码、名称及所属经济分类。

【操作步骤】

（1）在企业应用平台中，执行"基础设置→基础档案→存货→存货分类"指令，进入"存货分类"设置主界面。

（2）单击"增加"按钮，在编辑区输入分类编码和名称等分类信息；单击"保存"按钮，保存此次增加的客户分类后，可继续增加其他分类信息。

2. 计量单位

要设置计量单位档案，必须先增加计量单位组，然后再在该组下增加具体的计量单位内容。计量单位组分为无换算、浮动换算、固定换算三种类别，每个计量单位组中有一个主计量单位、多个辅计量单位，可以设置主辅计量单位之间的换算率；还可以设置采购、销售、库存和成本系统所默认的计量单位。先增加计量单位组，再增加组下的具体计量单位内容。

（1）无换算计量单位组。在该组下的所有计量单位都以单独形式存在，各计量单位之间不需要输入换算率，系统默认为主计量单位。

（2）浮动换算计量单位组。设置为浮动换算率时，可以选择的计量单位组中只能包含两个计量单位。此时需要将该计量单位组中的主计量单位、辅计量单位显示在存货卡片界面上。

（3）固定换算计量单位组。设置为固定换算率时，可以选择的计量单位组中才可以包含两个以上（不包括两个）的计量单位，且每一个辅计量单位对主计量单位的换算率不为空。此时需要将该计量单位组中的主计量单位显示在存货卡片界面上。

【实务案例】

鸿达科技有限公司的计量单位信息如表4-8所示。

表4-8　计量单位

计量单位组	计量单位编号	计量单位名称
01 基本计量单位（无换算率）	1	台
	2	千克

【操作步骤】

（1）在企业应用平台中，执行"基础设置→基础档案→存货→计量单位"指令，进入"计量单位"设置主界面。

（2）单击"分组"按钮，弹出"计量单位组"对话框。

（3）单击"增加"按钮，根据资料输入计量单位组编码和组名称。

（4）单击"保存"按钮，保存添加的内容。

（5）在"计量单位"设置主界面的左边选择要增加的计量单位所归属的组名。

（6）单击"单位"按钮，弹出"计量单位"界面。

（7）单击"增加"按钮，录入相关信息。

（8）单击"保存"按钮，保存添加的内容，如图4-20所示。

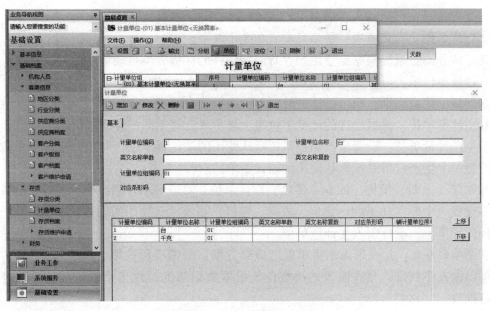

图 4-20 "计量单位"界面

3. 存货档案

存货档案主要用于设置企业在生产经营中使用到的各种存货信息，以便对这些存货进行资料管理、实物管理和业务数据的统计、分析。本功能完成对存货目录的设立和管理，随同发货单或发票一起开具的应税劳务等也应设置在存货档案中；同时提供基础档案在输入中的方便性，完备基础档案中数据项，提供存货档案的多计量单位设置。 "用友ERP-U8"系统中存货档案各页面主要栏目说明如下：

（1）存货档案"基本"选项卡，如图 4-21 所示。

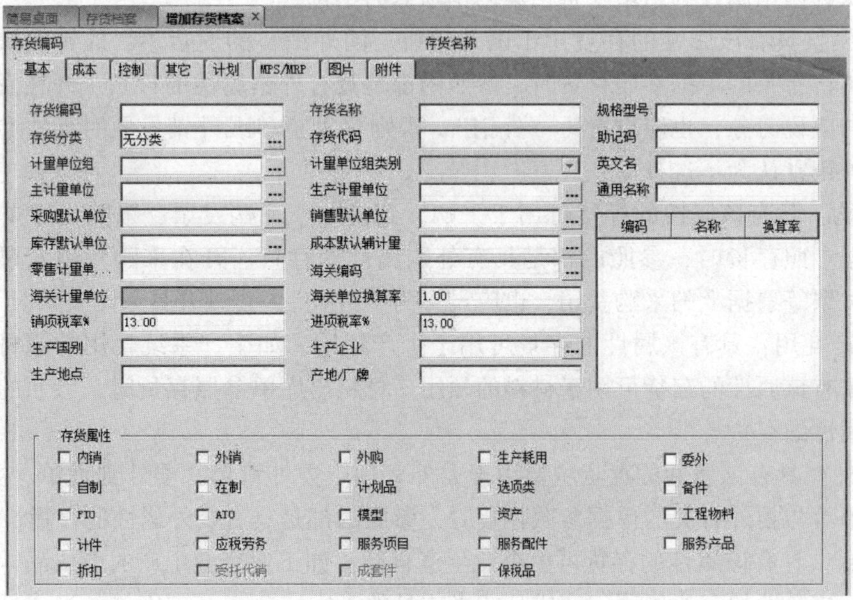

图 4-21 存货档案"基本"选项卡

①存货编码：必须输入，最多可输入 60 个数字。

②存货名称：为必填项；最多可输入 255 个汉字。

③存货分类：系统根据企业增加存货前所选择的存货分类自动填写，可以修改。

④计量单位组：可参照选择或录入，最多可输入 20 个数字。

⑤计量单位组类别：根据已选的计量单位组系统自动带入。

⑥主计量单位：根据已选的计量单位组，显示或选择不同的计量单位。

⑦生产计量单位：设置生产制造系统默认使用的辅计量单位。对应每个计量单位组均可以设置一个生产订单系统默认使用的辅计量单位。

⑧库存（采购、销售、成本、零售）默认单位：对应每个计量单位组均可以设置一个且最多设置一个库存（采购、销售、成本、零售）系统默认使用的辅计量单位。其中成本默认辅计量单位，不可输入主计量单位。

⑨销项税率%：此税率为销售单据上该存货默认的销项税税率，默认为"16"，可修改；可以输入小数位，允许输入的小数位长根据数据精度对税率小数位数的要求进行限制，可批改。

⑩进项税率%：默认新增档案时进项税率=销项税率=16%，可批改。

⑪存货属性：系统为存货设置了多种属性。同一存货可以设置多个属性，但当一个存货同时被设置为"自制""委外"和（或）"外购"时，MPS/MRP 系统默认"自制"为其优先属性而自动建议计划生产订单；而当一个存货同时被设置为"委外"和"外购"时，MPS/MRP 系统默认"委外"为其优先属性而自动建议计划委外订单。

a. 内销：具有该属性的存货用于国内销售。国内销售的发货单、内销发票、销售出库单等与销售有关的单据参照存货时，参照的都是具有内销属性的存货。开在发货单或内销发票上的应税劳务，也应设置为"内销"，否则开发货单或内销发票时无法参照。升级的数据默认为内销属性，新增存货档案内销默认为不选择。

b. 外销：具有该属性的存货用于国外销售。国外销售的发货单、外销发票、销售出库单等与销售有关的单据参照存货时，参照的都是具有外销属性的存货。开在发货单或外销发票上的应税劳务，也应设置为"外销"，否则开发货单或外销发票时无法参照。新增存货档案外销默认为不选择。

c. 外购：具有该属性的存货可用于采购。到货单、采购发票、采购入库单等与采购有关的单据参照存货时，参照的都是具有外购属性的存货。开在采购专用发票、普通发票、运费发票等票据上的采购费用，也应设置为"外购"，否则开具采购发票时无法参照。

d. 生产耗用：具有该属性的存货可用于生产耗用，如生产系统耗用的原材料、辅助材料等。具有该属性的存货可用于材料的领用。材料出库单参照存货时，参照的都是具有生产耗用属性的存货。

e. 委外：具有该属性的存货主要用于委外管理。委外订单、委外到货单、委外发票、委外入库单等与委外有关的单据参照存货时，参照的都是具有委外属性的存货。

f. 自制：具有该属性的存货可由企业生产自制，如工业企业生产的产成品、半成品等存货。具有该属性的存货可用于产成品或半成品的入库。产成品入库单、半成品入库单参照存货时，参照的都是具有自制属性的存货。

g. 计划品：具有该属性的存货主要用于生产制造中的业务单据，以及对存货的参照过滤。计划品代表一个系统系列的物料类型，其物料清单中包含子件物料和子件计划百分比。可以使用计划物料清单来帮助执行主生产计划和物料需求计划。

h. 选项类：该属性是 PTO 模型或 ATO 模型物料清单上对可选子件的一个分类。选项类作为一个物料，成为模型物料清单中的一层。

i. PTO：指面向订单挑选出库。用友系统中，PTO 一定同时为模型属性，是指在客户订购该物料时，其物料清单可列出其可选用的子件物料，即在销售管理或出口贸易系统中可以按客户要求订购不同配置的产品。

j. ATO：指面向订单装配，即接收客户订单后方可下达生产装配。ATO 在接收客户订单之前虽可预测，但目的在于提前准备其子件供应，ATO 件本身则需按客户订单下达生产。用友系统中，ATO 一定同时为自制件属性。若 ATO 与模型属性共存，则是指在客户订购该物料时，其物料清单可列出其可选用的子件物料，即在销售管理或出口贸易系统中可以按客户要求订购不同配置的产品。

k. 模型：在其物料清单中可列出其可选配的子件物料。本系统中，模型可以是 ATO 或者为 PTO。

ATO 模型与 PTO 模型的区别在于：ATO 模型需选配后下达生产订单组装完成再出货，PTO 模型则按选配子件物料直接出货。

l. 备件：具有该属性的存货主要用于设备管理的业务单据和处理，以及对存货的参照过滤。

m. 资产："资产"与"受托代销"属性互斥。"资产"属性存货不参与计划，"计划方法"（MRP 页签）只能选择"N"。资产存货，默认仓库只能录入和参照仓库档案中的资产仓。非"资产"存货，默认仓库只能录入和参照仓库档案中的非资产仓。

n. 工程物料：企业在进行新品大批量生产之前，会先进行小批量试制，试制用到的新物料在采购时需要进行单次采购数量的限制。

o. 计件：表示该系统或加工件需要核算计件工资，可批量修改。

p. 应税劳务：指开具在采购发票上的运费费用、包装费等采购费用或开具在销售发票或发货单上的应税劳务。"应税劳务"属性应与"自制""在制""生产耗用"属性互斥。

q. 服务项目：默认为不选择。

r. 服务配件：默认为不选择，同"服务项目"选择互斥，与"备件"属性的控制规则相同。

s. 服务产品：服务产品控制规则同服务配件控制规则。

t. 折扣：即折让属性，若选中该复选按钮，则在采购发票和销售发票中录入折扣额。该属性的存货在开发票时可以没有数量，只有金额；或者在蓝字发票中开成负数。与"生产耗用""自制""在制"属性互斥，即不能与这三个中任一个属性同时录入。

u. 受托代销：在建立账套时，企业类型为"商业"和"医药流通"才可以启用受托代销业务。要选此项需要先在"库存管理"选项设置中选中"有无受托代销业务"选项。

v. 成套件：选中该复选按钮，则该存货可以进行成套业务。要选此项需要先在"库存管理"选项设置中选中"有无成套件管理"选项。

w. 保税品：进口的被免除关税的产品被称为保税品。只要有业务发生，该存货就不能变为非保税存货。

（2）存货档案"成本"选项卡，如图4-22所示。

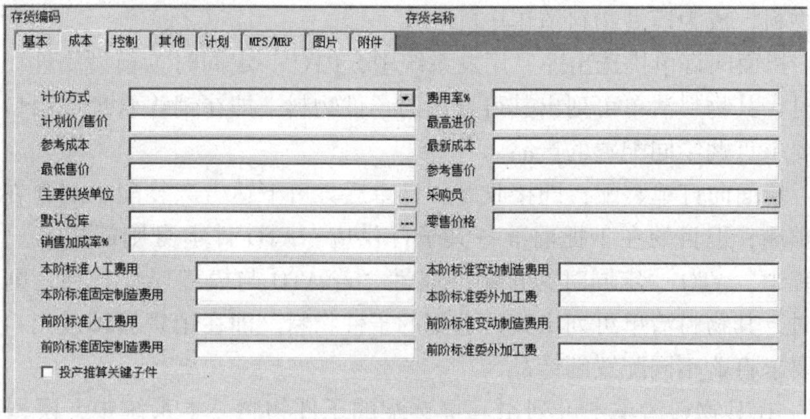

图4-22 存货档案"成本"选项卡

该选项卡中各种属性主要用于在进行存货的成本核算过程中提供价格计算的基础依据。

①计价方式：在存货核算系统选择存货核算时，必须对每一个存货记录设置一个计价方式。若默认选择，则采取全月平均的方式；若前面已经有新增记录，则计价方式与前面新增记录相同。若存货核算系统中已经使用该存货，以后就不能修改该计价方式。

②费用率%：该项目可为空，可以修改；用于存货核算系统计提存货跌价准备。

③计划价/售价：该属性对于计划价法核算的账套必须设置，因为在单据记账等处理中必须使用该单价。计算差异和差异率也以该价格为基础。工业企业使用计划价对存货进行核算，商业企业使用售价对存货进行核算。根据核算方式的不同，分别通过按照仓库、部门、存货设置计划价/售价核算。核算体系为标准成本时，该价格特指材料计划价，采购属性的存货在此录入，半成品或产成品的材料计划价由系统自动计算，无须手工录入。

④最高进价：指进货时企业参考的最高价格，为采购进行进价控制的依据。如果企业在采购管理系统中选择进行最高进价控制，则在填制采购单据时，如果最高进价高于此价，系统会要求企业输入口令，口令输入正确方可高于最高进价进行采购，否则不行。

⑤参考成本：该成本指非计划价或售价核算的存货填制出入库成本时的参考成本。采购商品或材料暂估时，参考成本可作为暂估成本。存货负出库时，参考成本可作为出库成本。该属性比较重要，建议都进行填写。在存货核算系统中，该值可以和"零成本出库单价确认""入库成本确认方式""红字回冲单成本确认方式""最大最小单价控制方式"等选项配合使用，如果各种选项设置为参考成本，则在各种成本确认的过程中都会自动取该值作为成本。

⑥最新成本：指存货的最新入库成本，可修改。存货成本的参考值，不进行严格的控制。系统材料成本、采购资金预算以存货档案中的计划售价、参考成本和最新成本为依据，所以如果要使用这两项功能，在存货档案中必须输入计划售价、参考成本和最新成

本，可随时修改。如果使用了采购管理系统，那么在做采购结算时提取结算单价作为存货的最新成本，自动更新存货档案中的最新成本。

⑦最低售价：存货销售时的最低销售单价，为销售进行售价控制。企业在录入最低售价时，根据报价是否含税录入无税售价或含税售价。

⑧参考售价：参考售价应大于零。客户价格、存货价格中的报价根据"报价是否含税"带入到无税单价或含税单价。

⑨主要供货单位：指存货的主要供货单位，如商业企业商品的主要进货单位或工业企业材料的主要供应商等。

⑩零售价格：用于零售系统录入单据时默认的销售价格。

⑪销售加成率%：录入百分比。如销售管理系统设置取价方式为最新成本加成，则销售报价=存货最新成本×（1+销售加成率%）。

⑫本阶标准人工费用、本阶标准变动制造费用、本阶标准固定制造费用、本阶标准委外加工费：用于存货在物料清单子件产出类型为"联系统或副系统"时，计算单位标准成本及标准成本时引用此数据作为计算本阶主、副、联系统的权重。

⑬前阶标准人工费用、前阶标准变动制造费用、前阶标准固定制造费用、前阶标准委外加工费：用于存货在物料清单子件产出类型为"联系统或副系统"时，计算单位标准成本及标准成本时引用此数据作为计算前阶主、副、联系统的权重。

⑭投产推算关键子件：成本管理在系统分配率选择按约当产量时，选中该复选按钮，可作为成本管理推算系统投产数量的依据。此字段属性会直接带到 BOM 子件中，成本管理"月末在系统处理表"取数选择"按关键子件最大套数"或"按关键子件最小套数"时，将根据此选择取出系统的投产数量。注意：在存货档案修改"投产推算关键子件"属性，仅影响新增 BOM 子件。

（3）存货档案"控制"选项卡，如图 4-23 所示。

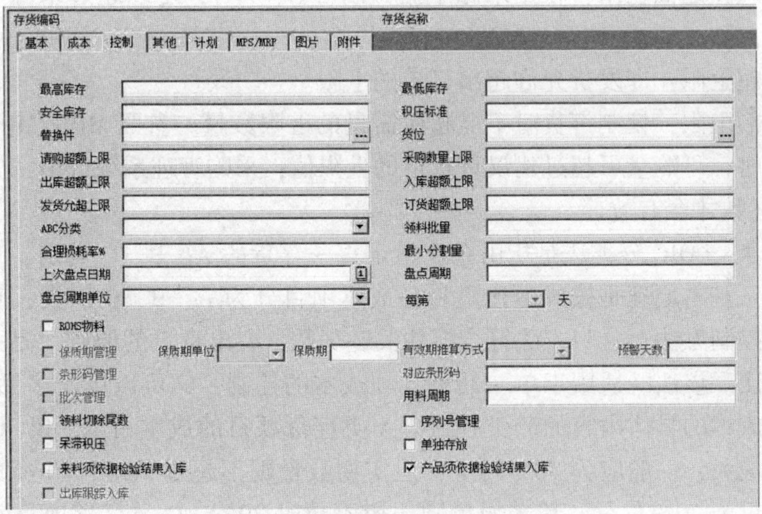

图 4-23　存货档案"控制"选项卡

①最高库存：存货在仓库中所能储存的最大数量，超过此数量就有可能形成存货的积压。最高库存不能小于最低库存。企业在填制出、入库单时，如果某存货的目前结存量高

于最高库存，系统将予以报警。库存管理系统需要设置此选项才能报警。

②最低库存：存货在仓库中应保存的最小数量，低于此数量就有可能形成短缺，影响正常生产。如果某存货当前可用量小于此值，在库存管理系统填制出、入库单及登录系统时系统将予以报警。

③安全库存：指为了预防需求或供应方面不可预料的波动而定义的货物在库存中保存的基准数量。如果补货政策选择按再订货点方法，库存管理 ROP 运算、再订货点维护以及查询安全库存预警报表时以此处的设置为基准。

④积压标准：此处应输入存货的周转率。呆滞积压存货分析根据积压标准进行统计，即周转率小于积压标准的存货，在库存管理中要进行统计分析。在库存管理系统进行呆滞积压存货分析时，将实际存货周转率与该值进行比较，以确定存货在库存中存放的状态（呆滞、积压或非呆滞积压状态）。

⑤替换件：指可作为某存货的替换品的存货，来源于存货档案；此处录入可替换当前存货（被替换品）的存货（替换品）。录入库存单据时如果发现被替换品存量不足，可以用替换品代替原存货出库。

⑥货位：指存货的默认存放货位，主要用于仓储管理系统中对仓库实际存放空间的描述。在库存系统填制单据时，系统会自动将此货位作为存货的默认货位，但企业可修改。企业仓库的存放货位一般用数字描述。例如，"3-4-12"表示第 3 排第 4 层第 12 个货架。货位可以分级表示。货位可以是三维立体形式，也可以用二维平面表示。

⑦请购超额上限：根据请购单生成采购订单时，可以超过来源请购单订货的上限范围，也即采购管理系统选项设置为"允许超请购订货"时，订货可超过请购量的上限值。

⑧采购数量上限：用于采购时需要进行单次采购数量的限制。如果在"基本"选项卡中工程物料被选中，则可以录入；否则置灰，不可录入。

⑨出库、入库超额上限：根据来源单据做出\入库单时，可以超过来源单据出库或入库的上限范围。

⑩发货允超上限：即发货允许超出订单的上限。

⑪订货超额上限：控制订货时不能超所需量的上限数量。参照 MPR/MPS 建议订货量生成采购订单时，订购量可超过建议订货量的上限值，采购管理系统选中"是否允许超计划订货"，此参数才会有效。

⑫ABC 分类：ABC 分类法是指由企业指定每一存货的 A、B、C 类别，只能选择三个字母其中之一。基本原理是按成本比重将各成本项目分为 A、B、C 三类，对不同类别的成本采取不同控制方法。这一方法符合抓住关键少数、突出重点的原则，是一种比较经济合理的管理方法。该法既适用于单一品种各项成本的控制，又可以用于多品种成本控制，亦可用于某项成本的具体内容的分类控制。A 类存货项目的成本占 A、B、C 三类存货成本总和的比重最大，一般应为 70% 以上，但实物数量则不超过 20%；归入 B 类的存货项目，其成本比重为 20% 左右，其实物量则一般不超过 30%；C 类存货项目实物量不低于50%，但其成本比重则不超过 10%。按照 ABC 分类法的要求，A 类项目是重点控制对象，必须逐项严格控制；B 类项目是一般控制对象，可分别不同情况采取不同措施；C 类项目不是控制的主要对象，只需采取简单控制的方法即可。显然，按 ABC 分类法分析成本控

制对象，可以突出重点，区别对待，做到主次分明，抓住成本控制的主要矛盾。在存货核算系统中企业可自定义 ABC 分类的方法，并且系统根据企业设置的 ABC 分类方法自动计算 A、B、C 三类都有哪些存货。

⑬领料批量：可空，可输入小数；如果存货设置成切除尾数，则不允许录入小数。如果设置了领料批量，在根据生产订单、委外订单进行领料及调拨时，系统将执行的领料量调整为领料批量的整数倍。

⑭合理损耗率%：可以手工输入小数位数最长为 6 位的正数，可以为空，可以随时修改。该项目在库存盘点时使用，库存管理进行存货盘点时企业可以根据实际损耗率与此值进行比较，确定盘亏存货的处理方式。

⑮最小分割量：在进行配额分配时，对于有些采购数量较小的采购需求，企业并不希望将需求按照比例在多个供应商间进行分割，而是全部给实际完成率比较低的那个供应商。因此，这个参数针对存货设置。在进行配额前，系统可根据企业的设置和这个参数自动判断需不需要分给多个供应商。

⑯ROHS 物料：标识当前存货是否为 ROHS 物料。某些企业在采购 ROHS 涉及的物料时需要从通过 ROHS 认证的供应商采购。ROHS 是由欧盟立法制定的一项强制性标准，它的全称是《关于限制在电子电器设备中使用某些有害成分的指令》（Restriction of Hazardous Substances）。该标准于 2006 年 7 月 1 日开始正式实施，主要用于规范电子电气系统的材料及工艺标准，使之更加有利于人体健康及环境保护。

a. 保质期管理：指存货是否要进行保质期管理。如果某存货是保质期管理，则在录入入库单据时，系统将要求企业输入该批存货的失效日期。

b. 保质期单位：设置保质期值对应的单位，可设为年、月、天，默认为天，可随时修改。只有进行保质期管理的存货才能选择保质期单位；保质期单位和保质期必须同时输入或同时不输入，不能一个为空另一个不为空；企业输入保质期之前必须先选择保质期单位。

c. 保质期：只能手工输入大于 0 的 4 位整数，可以为空，可以随时修改。

d. 条形码管理：在库存系统可以对条形码管理的存货分配条形码规则；可以随时修改该选项。只有设置为条形码管理的存货才可以在库存系统中分配条形码规则。

e. 对应条形码：最多可输入 30 个数字或字符，可以随时修改，可以为空；但不允许有重复的条形码存在。库存生成条件形码时，作为存货对应条件形码的组成部分。

f. 批次管理：指存货是否需要进行批次管理。只有在库存选项设置为"有批次管理"时，此项才可选择。如果存货是批次管理，录入出库、入库单据时，系统将要求企业输入出库、入库批号。

g. 用料周期：指物料从上次出库到下次出库的时间间隔。此参数用于库存进行用料周期分析时使用。用料周期分析用于分析若干时间内没有做过出库业务的物料，以便统计物料的使用周期及呆滞积压情况。

h. 领料切除尾数：指经过 MRP/MPS 运算后得到的领料数量是否要切除小数点后的尾数。如果勾选该复选按钮，当领料批量存在小数时，系统会给出提示，由企业自己修改。

i. 序列号管理：默认为"否"，随时可改。存货启用序列号管理作用于"服务管理"和"库存管理"两个系统。服务管理系统中，服务选项设置为"启用序列号管理"时，则服务单执行完工操作时必须输入系统的序列号；库存管理系统中，库存选项设置为"启用序列号管理"时，对于有序列号管理的存货，在出入库时可以维护其对应序列号信息。

j. 呆滞积压：用于设置该存货是否为呆滞积压存货。只有进行了该设置，才可以在库存管理的"呆滞积压备查簿"里查询呆滞积压的存货。

k. 单独存放：用于设置该存货是否需要单独存放，可以随时修改。

l. 来料须依据检验结果入库：用于来料检验合格物料入库的控制，如果设置为来料须依据检验结果入库，则根据来料检验单生成采购入库单时系统控制累计入库量不得大于检验合格量与让步接受量之和。

m. 出库跟踪入库：可以修改，但是若需要将该选项从不选择状态改成选择状态，则需要检查该存货有无期初数据或者出入库数据，有数据的情况下不允许修改。在录入出库单时，需要指定对应的入库单，只有设置此项才可以跟踪到供应商对应存货收发存情况。

n. 产品须依据检验结果入库：库管部门做入库时，有些企业或同一企业的某些品种，能够严格按照质量部门确定的检验合格量入库，而有些企业或者有些品种在入库量与检验合格量之间允许有一定的容差。可以通过勾选该复选按钮进行管理。

（4）存货档案"MPS/MRP"选项卡，如图4-24所示。

如果是工业企业账套，则需要显示并输入存货档案"MPS/MRP"选项卡中的相关信息资料。

①成本相关：表示该物料是否包含在物料清单中其母件的成本累计中。如果存货属性中未选中"内销"或"外销""生产耗用"复选按钮，而选中了"BOM-子件"复选按钮，则不勾选"成本相关"复选按钮。

②切除尾数：一种计划修正手段，说明由 MRP/MPS 系统计算物料需求时，是否需要对计划订单数量进行取整。勾选该复选按钮，系统会对数量进行向上进位取整，例如计算出的数量为 3.4，选择切除尾数后，MPS/MRP 会把此数量修正为 4。

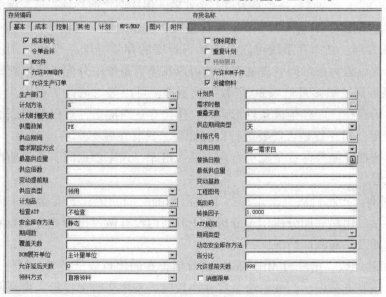

图4-24 存货档案"MPS/MRP"选项卡

③令单合并：当供需政策为 LP（批量供应法）时，可选择同一销售订单或同一销售订单行号或同一需求分类号（视需求跟踪方式设定）的净需求是否予以合并。

④重复计划：表示此存货按重复计划方式还是按离散计划方式进行计划与生产管理。勾选该复选按钮，MPS/MRP 将以重复计划方式管理生产订单。若不勾选该复选按钮，系统则以传统的离散计划方式来管理。只有自制件才可以设置为重复计划。

⑤MPS 件：用于区分物料是 MPS 件还是 MRP 件，供主生产计划系统和物料需求计划之用。勾选该复选按钮，则表明此存货为主生产计划对象，称为 MPS 件（MPS Items）。列入 MPS 件范围的，通常为销售品、关键零组件、供应提前期较长或占用产能负荷多或作为预测对象的存货等。MPS 件的选择可按各阶段需要而调整，以求适量。若不勾选该复选按钮，则不列为主生产计划对象，即为 MRP 展开对象，也称为非 MPS 件。未启用主生产计划系统之前，可将全部存货定为非 MPS 件，即将全部存货列为 MRP 计算对象。在启用主生产计划或需求规划系统之前，本项目可不设置。

a. MPS（主生产计划）是确定每一具体的最终系统在每一具体时间段内生产数量的计划。根据客户合同和市场预测，确定主生产计划，从而确定需求。

b. MRP（物料需求计划）是指根据系统结构各层次物品的从属和数量关系，以每个物品为计划对象，以完工时期为时间基准倒排计划，按提前期长短区别各个物品下达计划时间的先后顺序的一种工业制造企业内物资计划管理模式。即根据市场需求预测和顾客订单制订系统的生产计划，然后基于系统生成进度计划、组成系统的材料结构表和库存量，通过系统计算出所需物资的需求量和需求时间，从而确定材料的加工进度和订货日程。

⑥预测展开：为可选择项。选项类、PTO 模型属性的存货默认为已勾选，不可改；ATO 模型、计划品属性的存货默认为已勾选，可改；其他属性的存货默认为未勾选，不可改。设置为已勾选的存货，在系统预测订单按计划、模型或选项类物料清单执行预测展开时，将视为被展开对象。

⑦允许 BOM 母件：如果存货属性为"计划品""ATO""PTO""选项类""自制""委外"时，该属性默认为已勾选，可改；如果该存货为"外购"，则该属性默认为未勾选，可改；其他存货属性一律为未勾选，不可改。

⑧允许 BOM 子件："计划品""ATO""PTO""选项类""自制""委外""外购"默认为已勾选，可改，其他存货属性一律默认为未勾选，不可改。

⑨允许生产订单："自制"属性默认为已勾选，可改；"委外""外购"属性默认为未勾选，可改；其他存货属性一律为未勾选，不可改。

⑩关键物料：指在交期模拟计算时是否考虑该物料。

⑪生产部门：该自制存货通常负责的生产部门，为建立该存货生产订单时的默认值。

⑫计划员：说明该存货的计划资料由谁负责，须首先在职员档案建档。

⑬计划方法：可选择"R"或"N"。"R"表示此存货为要列入 MRP/MPS 计算的对象，要编制 MPS/MRP 计划；"N"表示该存货及其以下子件都不计算需求，不列入 MRP/MPS。如量少价低、可随时取得的物料，可采用再订购点或其他方式计划其供应。如果存货属性"内销""外销"不选、"生产耗用"不选而"允许 BOM 子件"勾选，计划方法默认为 N。

⑭需求时栅：MPS/MRP 计算时，在某一时段对某物料而言，其独立需求来源可能是按订单或按预测，或两者都有，系统是按各物料所对应的时栅内容而运作的。系统读取时栅代号的顺序为：先以物料在存货主档中的时栅代号为准，若无则按 MPS/MRP 计划参数中设定的时栅代号为准。

时栅是指时界，即指明操作过程中各种约束条件或者改变将会发生的时间界限。如公司政策或措施的改变点，执行计划的时间段。时格也是时间段，是统计数据的一个时间段。

⑮计划时栅天数：可输入最多三位正整数，也可不输入。

⑯重叠天数：可输入最多三位正/负整数，也可不输入。

⑰供需政策：各存货的供应方式，可以选择"PE"或"LP"。本项目为主生产计划及需求规划系统规划计划订单之用。对应存货在"现存量"表中有记录，则不允许"LP""PE"转换。

a．PE（Period）：表示期间供应法。MPS/MRP 计算时，按设定期间汇总净需求一次性供应，即合并生成一张计划订单。此方式可增加供应批量，减少供应次数，但需求来源（如销售订单）变化太大时，将造成库存太多、情况不明的现象。若供需政策采用 PE 且为非重复计划物料，则可在"供应期间类型""供应期间""时格代号"项目输入相关值，并选择"可用日期"参数。

b．LP（Lot Pegging）：表示批量供应法，按各时间的净需求分别各自供应。所有净需求都不合并，按销售订单各自生成计划订单。此方式可使供需对应关系明朗化，库存较低，但供应批量可能偏低，未达经济规模。若供需政策选用"LP"，则可选择"是否令单合并"栏位。

⑱需求跟踪方式：如果供需政策为"LP"，可选择"订单号""订单行号""需求分类代号"三种需求跟踪方式之一，分别表示是按销售订单号、按销售订单行号或按需求分类代号来对物料的供需资料分组。

⑲替换日期：因某些原因（如技术、经济原因等），而确定存货将在该日期被另一存货替代，但在该存货被另一存货替代之前，该存货的现有库存将被使用完毕。当 MRP 展开时，该存货库存被完全使用完毕后，系统自动将该存货的相关需求分配给另一存货（替换料）；该存货的替换料资料在物料清单中维护。

⑳最低供应量：一种计划修正手段，在 MPS/MRP 编制时使用，表示输入存货的最低供应量。若该存货有结构性自由项，则新增存货时为各结构自由项默认的最低供应量；如果要按各结构自由项分别设置其不同的最低供应量，则按结构自由项个别修改。MPS/MRP 计算时，如果净需求数量小于最低供应量，将净需求数量修改为最低固定量；否则，保持原净需求数量不变。

㉑供应倍数：一种计划修正手段，在 MPS/MRP 编制时使用，表示输入存货的供应倍数。若该存货有结构性自由项，则新增存货时为各结构自由项默认的供应倍数；如果要按各结构自由项分别设置其不同的供应倍数，则按结构自由项个别修改。MPS/MRP 计算时，按各存货（或存货加结构自由项）的供应倍数，将净需求数量修正为供应倍数的整数倍，即各计划订单数量一定为供应倍数的整数倍。注：此供应倍数可以为小数。

a. 变动基数：如果有变动提前期，则每日产量即为变动基数。

b. 总提前期的计算公式为：$\dfrac{总需求量}{变动基数} \times 变动提前期 + 固定提前期$

c. 固定提前期：从发出需求信息到接获存货为止所需的时间。以采购件为例，即不论需求量多少，从发出采购订单到可收到存货为止的最少需求时间，称为此采购件的固定提前期。

㉒变动提前期：在生产、采购或委外时，会因数量造成生产、采购或委外时间不一致，此段时间称为变动提前期。

㉓工程图号：输入工程图号，备注用。

㉔供应类型：用以控制如何将子件物料供应给生产订单和委外订单、如何计划物料需求以及如何计算物料成本。此处定义的供应类型将带入物料清单，成为子件供应类型的默认值。

a. 领用：可按需要直接领料并供应给相应的生产订单和委外订单。

b. 入库倒冲：系统在生产订单和委外订单母件完成入库时，会自动产生领料单，将子件物料发放给相应的生产订单和委外订单。

c. 工序倒冲：在母件工序完工时，系统自动产生领料单，将子件物料发放给相应的生产订单。

d. 虚拟件：是一个无库存的装配件，它可以将其母件所需物料组合在一起，产生一个子装配件。MPS/MRP 系统可以通过虚拟件直接展开其子件，就好似这些子件直接连在该虚拟件的母件上。在成本管理系统中计算系统成本时，这些虚拟件的母件的装配成本将会包括虚拟件的物料成本，但不包含其人工及制造费用等成本。

e. 直接供应：生产过程中，如果子件是直接为上阶订单生产，且子件实体不必进入库存，这些子件称为直接供应子件。

㉕低阶码：又称为低层代码，表示该存货在所有物料清单中所处的最低层次，由"物料清单"系统中"物料低阶码自动计算"功能计算得到。MPS/MRP 计算使用低阶码来确保在计算出此子件的所有的毛需求之前，不会对此存货进行净需求。

㉖计划品：可输入一个计划品的存货编码，目的在于建立存货与某一计划品的对应关系，与"转换因子"栏位值配合，用于存货的销售订单与该计划品的需求预测，进行预测消抵。只有销售属性的存货才可输入；输入的计划品的"预测展开"设置为否；输入计划品的 MPS/MRP 属性与原存货相同。

㉗转换因子：输入计划品编码时必须输入，默认为1，可改，须大于零。

㉘检查 ATP：系统默认为"不检查"，可改为"检查物料"。如果选择为"检查物料"，则在生产订单和委外管理系统中，可以检查该物料的可承诺数量，以进行缺料分析与处理。

ATP 即可承诺量，指企业向客户订单承诺的交付能力，它以尚未承诺的库存、计划生产和物料为基准。ATP 模拟，即通过 ATP 运算，看是否能够满足客户需求。

㉙ATP 规则：可参照输入自定义的 ATP 规则，资料来源于 ATP 规则档案，也可不输入，支持批改。ATP 规则可以定义供应和需求来源、时间栏参数等。执行生产订单/委外订单子件 ATP 数量查询时，如果子件"检查 ATP"设置为"检查物料"，则在此处输入

ATP 规则，若未输入，则以生产制造参数设定中的 ATP 规则为准。

㉚安全库存方法：选择 MPS/MRP/SRP 自动规划时安全库存的处理方式，默认为"静态"，也可改为"动态"。如果设置为静态，MPS/MRP/SRP 计算以物料档案中输入的安全库存量为准；若设置为动态，则系统自动计算物料基于需求的安全库存量。

SRP 和 MRP 运算是计划生产的两种运算方式，其运算方法相似，但 MRP 主要用于某一期间内所有订单的需求量的运算，而 SRP 是针对具体的某一张订单的需求运算。MRP 运算会将生产期间内所有的订单合并，按需求进行生产，这样后续的材料采购、生产领料、系统入库等将追溯不到源头的具体单据；而 SRP 运算是根据每一张订单需求生产，不会合并需求，这样的运算模式便于进行全程的追溯跟踪。

㉛期间类型：MPS/MRP/SRP 计算动态安全库存量，首先必须确定某一期间内物料的需求量，本项目供选择确定此期间的期间类型，系统依该项目值与"期间数"输入值确定计算物料需求量的期间长度。如期间类型为"天"、期间数为"12"，则期间长度为 12 天。系统默认为"天"，可改为"周"或"月"，安全库存方法选择为"动态"时必须输入。

㉜期间数："安全库存方法"选择为"动态"时必须输入。

㉝动态安全库存方法：选择动态安全库存量是以覆盖日平均需求量的天数计算，或以动态安全库存期间内总需求量的百分比来计算。默认为"覆盖天数"，可改为"百分比"，"安全库存方法"选择为"动态"时必须输入。

㉞覆盖天数："动态安全库存方法"选择为"覆盖天数"时必须输入。

㉟百分比："动态安全库存方法"选择为"百分比"时必须输入。

㊱BOM 展开单位：指执行 BOM 展开时，是以子件的基本用量或是以辅助基本用量作为子件使用数量的计算基准。可选择"主计量单位"或"辅计量单位"。

BOM 即物料清单（Bill of Material）的英文简称，它详细记录一个项目所用到的所有下阶材料及相关属性，包括母件与所有子件的从属关系、单位用量及其他属性等。在有些系统中称为材料表或配方料表。

㊲允许提前天数：输入天数。需求规划进行供需平衡时，如果需求之后存在供应且供应日期减需求日期小于等于允许提前天数，则该笔供应的重规划日提前至需求日期；若供应日期减需求日期大于允许提前天数，则不修改该供应的重规划日。

㊳允许延后天数：输入天数。需求规划进行供需平衡时，如果供应之后存在需求且需求日期减供应日期大于或等于允许延后天数，则该笔供应的重规划日延后至需求日期；若需求日期减供应日期小于允许延后天数，则不修改该供应的重规划日。

㊴销售跟单：如果供需政策为"PE"，可选择"销售跟单"选项。销售跟单选项需要配合需求跟踪方式使用，以确定计划订单带入的跟踪号是"订单号""订单行号"还是"需求分类代号"。"PE"物料的销售跟单只是将跟踪号带入计划订单中显示，其作用仅仅表示计划订单最初是根据哪一个需求跟踪产生的，再次计划时并不按照需求跟踪来进行供需平衡。

㊵领料方式：可以选择"直接领料"或"申请领料"。"直接领料"表示生产时按照生产订单进行领料作业；"申请领料"表示生产时需要预先按照生产订单申请领料，再进行领料作业。

㊶供应期间类型：对于非重复计划的"PE"件，选择其进行净需求合并的供应期间

的期间类型。除了采用时格进行供应期间划分外，其他供应期间类型皆与"供应期间"项目输入值一并确定供应期间长度。如供应期间类型为"天"、供应期间为"12"，则供应期间长度为12天。系统默认为"天"，可改为"周""月"或"时格"。

㊷供应期间：输入供应期间数。该项目值与供应期间类型一起（选择时格时除外），用于计算净需求合并的供应期间长度。

㊸时格代号：如果供应期间类型选择为"时格"，则参照时格档案输入。

㊹可用日期：表示同一供应期间内的净需求合并之后，其需求日期如何确定。系统默认为"第一需求日"，也可选择"期间开始日"或"期间结束日"。

（5）存货档案"计划"选项卡，如图4-25所示。

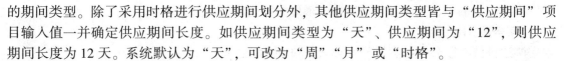

图4-25　存货档案"计划"选项卡

该选项卡的内容主要用于库存管理ROP（Re-Order Point，再订货点法，一种传统的库存规划方法。考虑安全库存和采购提前期，当库存量降到再订货点时，按照批量规则进行订购。现主要针对未在BOM中体现的低值易耗品、劳保用品）功能。如果该存货补货政策为再订货点法，则需要在此选项卡中进行相关信息的设置。

①ROP件：设置为外购属性加ROP的存货；在库存系统中可以参与ROP运算，生成ROP采购计划。

②再订货点方法：设置为ROP件时，须在"手工"和"自动"选项中选择一个。手工：由企业手工输入再订货点。自动：由系统自动计算再订货点，不可手工修改，可录入日均耗量。再订货点＝日均耗量×固定提前期+安全库存。

③ROP批量规则：此处选定的批量规则决定库存系统ROP运算时计划订货量的计算规则。

④保证供应天数：录入不小于零的数字，默认为1。ROP批量规则选择历史消耗量时，根据此值计算计划订货量。计划订货量＝日均耗量×保证供应天数。

⑤日均耗量：在库存系统进行日均耗量与再订货点维护时，系统会自动填写该项，日均耗量＝历史耗量/计算日均耗量的历史天数，可修改。

⑥固定供应量：即经济批量，不能小于零。批量可以使企业在采购或生产时按照经济、方便的批量订货或组织生产，避免出现拆箱或量小不经济的情况，多余库存可作为意外消耗的补充、瓶颈工序的缓解、需求变动的调节等。ROP批量规则选择固定批量时，根据此值计算计划订货量。计划订货量＝固定供应量。

⑦固定提前期：指从订货到货物入库的周期。再订货点方法选择"自动"时，系统根据此值计算再订货点。

⑧累计提前期：指从取得原物料开始到完成制造该存货所需的时间，可逐层比较而取得其物料清单下各层子件的最长固定提前期，再将本存货与其各层子件中最长的提前期累加而得。该值由MPS/MRP系统中"累计提前期天数推算"自动计算得出。

需要注意的是，在录存货档案前，最好先把仓库档案录完。

【实务案例】

鸿达科技有限公司的存货档案如表4-9所示。

表4-9 存货档案

存货编码	存货名称	所属分类码	计量单位	税率	存货属性
101	甲材料	01	千克	13%	外购、生产耗用
102	乙材料	01	千克	13%	外购、生产耗用
201	A产品	01	台	13%	自制、内销
202	B产品	01	台	13%	自制、内销

【操作步骤】

（1）在企业应用平台中，执行"基础设置→基础档案→存货→存货档案"命令，进入"存货档案"界面。

（2）在左边的树形列表中选择一个末级的存货分类（如果在建立账套时设置存货不分类，则不用进行选择），单击"增加"按钮，进入增加状态。

（3）根据所提供资料，分别在相应选项卡中录入存货资料。

（4）单击"保存"按钮，保存此次增加的存货档案信息；或单击"保存并新增"按钮保存此次增加的存货档案信息，并增加空白页继续录入存货信息。

第三节　总账参数设置

"用友ERP-U8"系统中"总账"系统中的参数设置如图4-26所示。

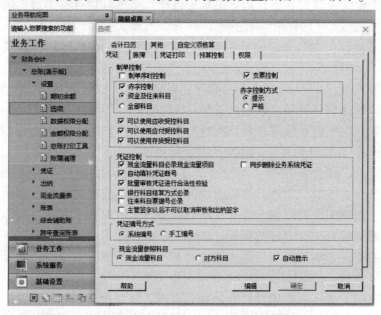

图4-26　"总账"系统参数设置界面

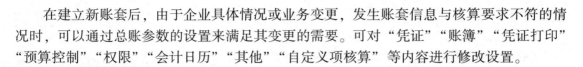

在建立新账套后，由于企业具体情况或业务变更，发生账套信息与核算要求不符的情况时，可以通过总账参数的设置来满足其变更的需要。可对"凭证""账簿""凭证打印""预算控制""权限""会计日历""其他""自定义项核算"等内容进行修改设置。

一、凭证相关参数

1. 制单控制

制单控制主要设置在填制凭证时系统相应操作的控制。

（1）制单序时控制：此项和"系统编号"选项联用，制单时凭证编号必须按日期顺序排列。例如，若 10 月 25 日凭证已编号至 25 号，则 10 月 26 日只能从"26 号"开始对凭证编号。企业一般采用制单序时，如果有特殊需要可以将其改为不序时制单。

（2）支票控制：若勾选"支票控制"复选按钮，则在制单时使用银行科目编制凭证，系统针对票据管理的结算方式进行登记；如果录入支票号在支票登记簿中已存，系统提供登记支票报销的功能。

（3）赤字控制：若勾选"赤字控制"复选按钮，当"资金及往来科目"或"全部科目"的最新余额出现负数时，系统将予以提示。系统提供了"提示""严格"两种赤字控制方式，可根据需要进行选择。

（4）可以使用应收受控科目：若科目为应收款管理系统的受控科目，为了防止重复制单，只允许应收系统使用此科目进行制单，总账系统是不能使用此科目制单的。因此如果希望在总账系统中也能使用这些科目填制凭证，则应选中该复选按钮。

（5）可以使用应付受控科目：若科目为应付款管理系统的受控科目，为了防止重复制单，只允许应付系统使用此科目进行制单，总账系统是不能使用此科目制单的。因此如果希望在总账系统中也能使用这些科目填制凭证，则应选中该复选按钮。

（6）可以使用存货受控科目：若科目为存货核算系统的受控科目，为了防止重复制单，只允许存货核算系统使用此科目进行制单，总账系统是不能使用此科目制单的。因此如果希望在总账系统中也能使用这些科目填制凭证，则应选中该复选按钮。

总账和其他业务系统使用受控科目会引起受控系统与总账对账不平。

2. 凭证控制

凭证控制即对凭证的管理流程进行设置。

（1）现金流量科目必录现金流量项目：选中该复选按钮后，在录入凭证时如果使用现金流量科目，则必须输入现金流量项目及金额。

（2）自动填补凭证断号：如果选择凭证编号方式为系统编号，则在新增凭证时，系统按凭证类别自动查询本月的第一个断号，将其默认为本次新增凭证的凭证号。如无断号则为新号，且编号规则与原编号规则一致。

（3）批量审核凭证进行合法性校验：批量审核凭证时针对凭证进行二次审核，提高凭证输入的正确率，合法性校验与保存凭证时的合法性校验相同。

（4）银行科目结算方式必录：选中该复选按钮，填制凭证时若涉及银行科目，则结算方式必须录入。录入的结算方式如果勾选"是否票据管理"，则票据号必录；录入的结算方式如果不勾选"是否票据管理"，则票据号为非必录。不选中该选项，则结算方式和票据号都为非必录。

（5）往来科目票据号必录：选中该复选按钮，填制凭证时往来科目必须录入票据号。

（6）同步删除业务系统凭证：选中该复选按钮，其他业务系统删除凭证时相应地将总账系统中的凭证同步删除。否则，将总账系统中的凭证作废，不予删除。

3. 凭证编号方式

系统在"填制凭证"功能中一般按照凭证类别按月自动编制凭证编号，即"系统编号"；但有的企业需要系统允许在制单时手工录入凭证编号，即"手工编号"。

4. 现金流量参照科目

现金流量参照科目用来设置现金流量录入界面的参照内容和方式。选中"现金流量科目"单选按钮时，系统只参照凭证中的现金流量科目；选中"对方科目"单选按钮时，系统只显示凭证中的非现金流量科目；选中"自动显示"复选按钮时，系统依据前两个选项将现金流量科目或对方科目自动显示在指定现金流量项目界面中，否则需要手工参照选择。

二、权限相关参数

（1）制单权限控制到科目：先在"系统管理"的"功能权限"中设置科目权限，再选择此项，权限设置生效。若选择了此项，则在制单时，操作员只能使用具有相应制单权限的科目制单。

（2）制单权限控制到凭证类别：先在"系统管理"的"功能权限"中设置凭证类别权限，再选择此项，权限设置生效。若选择了此项，则在制单时，只显示此操作员有权限的凭证类别。同时在凭证类别参照中按人员的权限过滤出有权限的凭证类别。

（3）操作员进行金额权限控制：选择此项，可以对不同级别的人员进行金额大小的控制。例如，财务主管可以对10万元以下的经济业务制单，一般财务人员只能对5万元以下的经济业务制单，这样可以减少由于不必要的责任事故带来的经济损失。如为外部凭证或常用凭证调用生成，则处理与预算处理相同，不做金额控制。

"用友ERP-U8"V10.1系统结转凭证不受金额权限控制，在调用常用凭证时，如果不修改而直接保存凭证，此时由被调用的常用凭证生成的凭证不受任何权限的控制，如金额权限控制、辅助核算及辅助项内容的限制等。外部系统凭证是已生成的凭证，得到系统的认可，所以除非进行更改，否则不做金额等权限控制。

（4）凭证审核控制到操作员：如只允许某操作员审核其本部门操作员填制的凭证，则应选择此选项。

（5）出纳凭证必须经由出纳签字：若要求现金、银行科目凭证必须由出纳人员核对签字后才能记账，则选择此项。

（6）凭证必须经由主管会计签字：如要求所有凭证必须由主管签字后才能记账，则选择此项。

（7）允许修改、作废他人填制的凭证：若选择了此项，在制单时可修改或作废别人填制的凭证，否则不能修改。

（8）可查询他人凭证：如允许操作员查询他人凭证，则选择此项。

（9）明细账查询权限控制到科目：这里是权限控制的开关，在"系统管理"中设置明细账查询权限，必须在总账系统选项中进入，才能起到控制作用。

（10）制单、辅助账查询控制到辅助核算：设置此项权限，制单时才能使用有辅助核算属性的科目录入分录，辅助账查询时只能查询有权限的辅助项内容。

三、其他参数

（1）外币核算。如果企业有外币业务，则应选择相应的汇率方式——固定汇率、浮动汇率。若选择固定汇率，则在制单时一个月只按一个固定汇率折算本位币金额。若选浮动汇率，则在制单时按当日汇率折算本位币金额。

（2）分销联查凭证 IP 地址。在这里输入分销系统的网址，可以联查分销系统的单据。

（3）启用调整期。如果希望在结账后仍旧可以填制凭证用来调整报表数据，可在总账选项中启用调整期。调整期启用后，加入"关账"操作，则结账之后关账之前为调整期。在调整期内填制的凭证为调整期凭证。

【实务案例】

鸿达科技有限公司财务系统参数如下：

支票控制，自动填补凭证断号，可以使用应收受控科目、应付受控科目和存货受控科目，出纳凭证必须由出纳签字，凭证必须由主管会计签字，其他参数为系统默认。

【操作步骤】

在企业应用平台中，执行"业务工作→财务会计→点账→设置→选项"指令，进入财务参数设置界面，单击"编辑"按钮后，可勾选相关参数。

第四节　总账基础设置

一、凭证类型

许多单位为了便于管理或登账方便，一般对记账凭证进行分类编制。如果是第一次进行凭证类别设置，可以按以下几种常用分类方式进行定义。

第一种，记账凭证；第二种，收款凭证、付款凭证、转账凭证；第三种，现金凭证、银行凭证、转账凭证；第四种，现金收款凭证、现金付款凭证、银行收款凭证、银行付款凭证、转账凭证。

【实务案例】

鸿达科技有限公司的会计凭证类别如表 4-10 所示。

表 4-10　凭证类别

类别字	类别名称	限制类型	限制科目
收	收款凭证	借方必有	1001, 1002
付	付款凭证	贷方必有	1001, 1002
转	转账凭证	凭证必无	1001, 1002

【操作步骤】

（1）在企业应用平台中，执行"基础设置→基础档案→财务→凭证类别"指令，进入凭证类别设置主界面。

（2）单击"增加"按钮，在表格中新增的空白行中填写凭证类别字、凭证类别名称，并参照选择限制类型及限制科目等栏目。

限制类型及限制科目含义如下：

"借方必有"指填制收款凭证时，借方必须有"1001"或"1002"科目，即"1001"和"1002"中至少有一个科目在借方。如果没有，则为不合法凭证，不能保存。

"贷方必有"指填制付款凭证时，贷方必须有"1001"或"1002"科目，即"1001"和"1002"中至少有一个科目在贷方。如果没有，则为不合法凭证，不能保存。

"凭证必无"指填制转账凭证时，凭证借、贷方均不能有"1001"或"1002"科目。如果有，则为不合法凭证，不能保存。

若限制科目为非末级科目，则在制单时，其所有下级科目都将受到同样的限制。如限制科目为"1002"，且"1002"科目下有"100201""100202"两个下级科目，那么，在填制转账凭证时，将不能使用科目"100201"和"100202"。

需要注意的是，已经使用的凭证类别不能删除。

二、结算方式

该功能用来建立和管理企业在经营活动中所涉及的结算方式，如现金结算、支票结算等。结算方式最多可以分为两级。结算方式一旦被引用，便不能进行修改和删除的操作。

【实务案例】

鸿达科技有限公司的结算方式如表4-11所示。

表4-11　结算方式

结算方式编号	结算方式名称	是否票据管理
1	库存现金	否
2	支票	否
201	现金支票	是
202	转账支票	是
9	其他	否

【操作步骤】

（1）在企业应用平台中，执行"基础设置→基础档案→收付结算→结算方式"指令，进入"结算方式"界面。

（2）单击"增加"按钮，根据提供的资料，在相应位置输入结算方式编码、结算方式名称和是否票据管理。单击"保存"按钮，便可将本次增加的内容保存，并在左边部分的树形结构中添加和显示。

三、外汇及汇率

为便于制单时调用外汇，减少录入汇率的次数和差错，需先对外汇及汇率进行设置。在"用友 ERP-U8"系统中，填制凭证时所用的外汇及汇率应先进行定义。

对于使用固定汇率（即使用月初或年初汇率）作为记账汇率的企业，在填制每月的凭证前，应预先在此录入当月的记账汇率，否则在填制当月外币凭证时，将会出现汇率为零的错误。

对于使用变动汇率（即使用当日汇率）作为记账汇率的企业，在填制当天的凭证前，应预先在此录入当天的记账汇率。

【实务案例】

鸿达科技有限公司的外汇及汇率：美元采用固定汇率 7.07 进行核算。

【操作步骤】

（1）在企业应用平台中，执行"基础设置→基础档案→财务→外币设置"指令，进入"财务参数"设置主界面。

（2）单击"增加"按钮后，输入币符"＄"，币名"美元"，汇率小数位数为"2"，最大误差为"0.005"，选择折算方式"外币＊汇率＝本位币"。

（3）选择"固定汇率"选项，输入 2023.12 的记账汇率为"7.07"，单击"确认"按钮，保存设置。

四、会计科目

会计科目是对会计对象具体内容分门别类进行核算所规定的项目，也是填制会计凭证、登记会计账簿、编制会计报表的基础。会计科目设置的完整性影响着会计过程的顺利实施，会计科目设置的层次深度直接影响会计核算的详细、准确程度。除此之外，在电算化系统中，会计科目的设置是应用系统的基础，它是实施各个会计手段的前提。

一般来说，为了充分体现计算机管理的优势，在企业原有的会计科目基础上，应对以往的一些科目结构进行调整，以便充分发挥计算机的辅助核算功能。如果企业原来有许多往来单位、个人、部门、项目是通过设置明细科目来进行核算管理的，那么，在使用总账系统后，最好改用辅助核算进行管理，即将这些明细科目的上级科目设为辅助核算科目，并将这些明细科目设为相应的辅助核算目录。总账系统中一共可设置十一种辅助核算，包括部门、个人、客户、供应商、项目五种辅助核算以及部门客户、部门供应商、客户项目、供应商项目、部门项目及个人项目六种组合辅助核算。一个科目设置了辅助核算后，它所发生的每一笔业务将会登记在辅助总账和辅助明细账上。

（一）新增会计科目

新增会计科目的操作步骤为：

（1）在企业应用平台中，执行"基础设置→基础档案→财务→会计科目"指令，进入"会计科目"界面。

（2）单击"增加"按钮，进入会计科目页编辑界面。

（3）根据需要输入科目信息，完成后单击"确定"按钮保存。

（二）修改会计科目

在"会计科目"设置主界面，选择要修改的科目，单击"修改"按钮或双击该科目，即可进入会计科目修改界面，企业可以在此对需要修改的会计科目进行调整。单击"第一页""前页""后页""最后页"找到下一个需要修改的科目，重复上述步骤即可对相关科目进行修改。

没有会计科目设置权的人员，只能在此浏览科目的具体定义，不能进行修改。已使用的科目可以增加下级，新增第一个下级科目为原上级科目的全部属性。

（三）删除会计科目

在"会计科目"设置界面，选中要删除的科目，单击"删除"按钮即可删除此会计科目。但已使用的科目不能删除。

已有授权系统、已录入科目期初余额、已在多栏定义中使用、已在支票登记簿中使用、已录入辅助账期初余额、已在凭证类别设置中使用、已在转账凭证定义中使用、已在常用摘要定义中使用、已制单、已记账或录入待核银行账期初的科目均为已使用科目。

【实务案例】

鸿达科技有限公司的会计科目如表4-12所示。

表4-12　鸿达科技有限公司会计科目

科目编码	科目名称	外币币种	计量单位	辅助账类型	账页格式	余额方向	受控系统	银行账	日记账
1001	库存现金				金额式	借			Y
1002	银行存款				金额式	借		Y	Y
100201	工行存款				金额式	借		Y	Y
100202	中行存款	美元			外币金额式	借		Y	Y
1012	其他货币资金				金额式	借			
1101	交易性金融资产				金额式	借			
1121	应收票据			客户往来	金额式	借	应收系统		
1122	应收账款			客户往来	金额式	借	应收系统		
1123	预付账款			供应商往来	金额式	借	应付系统		
1131	应收股利				金额式	借			
1132	应收利息				金额式	借			
1221	其他应收款			个人往来	金额式	借			
1231	坏账准备				金额式	贷			
1401	材料采购				金额式	借			

续表

科目编码	科目名称	外币币种	计量单位	辅助账类型	账页格式	余额方向	受控系统	银行账	日记账
1402	在途物资				金额式	借			
140201	甲材料				金额式	借			
140202	乙材料				金额式	借			
140203	丙材料				金额式	借			
140204	丁材料				金额式	借			
1403	原材料				金额式	借			
140301	甲材料		千克		数量金额式	借			
140302	乙材料		千克		数量金额式	借			
140303	丙材料		千克		数量金额式	借			
140304	丁材料		千克		数量金额式	借			
1404	材料成本差异				金额式	借			
1405	库存商品				金额式	借			
140501	A产品		台		数量金额式	借			
140502	B产品		台		数量金额式	借			
1406	发出商品				金额式	借			
1407	商品进销差价				金额式	贷			
1408	委托加工物资				金额式	借			
1411	周转材料				金额式	借			
1421	消耗性生物资产				金额式	借			
1461	融资租赁资产				金额式	借			
1471	存货跌价准备				金额式	贷			
1501	持有至到期投资				金额式	借			
1503	可供出售金融资产				金额式	借			
1511	长期股权投资				金额式	借			
1521	投资性房地产				金额式	借			
1531	长期应收款				金额式	借			
1601	固定资产				金额式	借			
1602	累计折旧				金额式	贷			
1604	在建工程				金额式	借			

科目编码	科目名称	外币币种	计量单位	辅助账类型	账页格式	余额方向	受控系统	银行账	日记账
1605	工程物资				金额式	借			
1701	无形资产				金额式	借			
1702	累计摊销				金额式	贷			
1801	长期待摊费用				金额式	借			
1901	待处理财产损溢				金额式	借			
2001	短期借款				金额式	贷			
2201	应付票据			供应商往来	金额式	贷	应付系统		
2202	应付账款			供应商往来	金额式	贷	应付系统		
2203	预收账款			客户往来	金额式	贷	应收系统		
2211	应付职工薪酬				金额式	贷			
221101	工资				金额式	贷			
221102	福利费				金额式	贷			
2221	应交税费				金额式	贷			
222101	应交增值税				金额式	贷			
22210101	进项税				金额式	贷			
22210102	销项税				金额式	贷			
222102	应交消费税				金额式	贷			
222103	应交城市维护建设税				金额式	贷			
222104	应交教育费附加				金额式	贷			
222105	应交所得税				金额式	贷			
222106	应交车船税				金额式	贷			
222107	应交房产税				金额式	贷			
2231	应付利息				金额式	贷			
2232	应付股利				金额式	贷			
2241	其他应付款				金额式	贷			
2501	长期借款				金额式	贷			
250101	本金				金额式	贷			

续表

科目编码	科目名称	外币币种	计量单位	辅助账类型	账页格式	余额方向	受控系统	银行账	日记账
250102	利息				金额式	贷			
2502	应付债券				金额式	贷			
2701	长期应付款				金额式	贷			
2711	专项应付款				金额式	贷			
4001	实收资本				金额式	贷			
400101	法人资本				金额式	贷			
400102	B公司				金额式	贷			
400103	C公司				金额式	贷			
4002	资本公积				金额式	贷			
400201	资本溢价				金额式	贷			
4101	盈余公积				金额式	贷			
410101	法定盈余公积				金额式	贷			
410102	任意盈余公积				金额式	贷			
4103	本年利润				金额式	贷			
4104	利润分配				金额式	贷			
410401	提取法定盈余公积				金额式	贷			
410402	提取任意盈余公积				金额式	贷			
410403	应付现金股利				金额式	贷			
410404	盈余公积补亏				金额式	贷			
410405	未分配利润				金额式	贷			
4201	库存股				金额式	借			
5001	生产成本			项目核算	金额式	借			
500101	直接材料			项目核算	金额式	借			
500102	直接人工			项目核算	金额式	借			
500103	制造费用			项目核算	金额式	借			
5101	制造费用				金额式	借			

续表

科目编码	科目名称	外币币种	计量单位	辅助账类型	账页格式	余额方向	受控系统	银行账	日记账
6001	主营业务收入				金额式	贷			
6051	其他业务收入				金额式	贷			
6061	汇兑损益				金额式	贷			
6101	公允价值变动损益				金额式	贷			
6111	投资收益				金额式	贷			
6301	营业外收入				金额式	贷			
6401	主营业务成本				金额式	借			
6402	其他业务成本				金额式	借			
6403	税金及附加				金额式	借			
6601	销售费用				金额式	借			
6602	管理费用				金额式	借			
6603	财务费用				金额式	借			
6701	资产减值损失				金额式	借			
6711	营业外支出				金额式	借			
6801	所得税费用				金额式	借			

①将上述会计科目表对照系统中预置的会计科目表，增加系统中没有而上表有的会计科目，修改系统中与上表不一致的会计科目，删除系统中有而上表没有的会计科目表。

②指定现金、银行存款和现金流量科目：

现金科目为"库存现金"；银行存款科目为"银行存款"；现金流量科目为"库存现金"以及"银行存款""其他货币资金"下的所有明细科目。

五、项目档案

企业在实际业务处理中会对多种类型的项目进行核算和管理，例如在建工程、对外投资、技术改造项目、项目成本管理、合同等。因此"用友 ERP 系统"提供了项目核算管理的功能。企业可以将具有相同特性的一类项目定义成一个项目大类。一个项目大类可以核算多个项目，为了便于管理，还可以对这些项目进行分类管理。企业可以将存货、成本对象、现金流量、项目成本等作为核算的项目分类。

使用项目核算与管理的首要步骤是设置项目档案，项目档案设置包括：增加或修改项目大类，定义项目核算科目、项目分类、项目栏目结构，并进行项目目录的维护。建立项目档案的操作流程如图 4-27 所示。

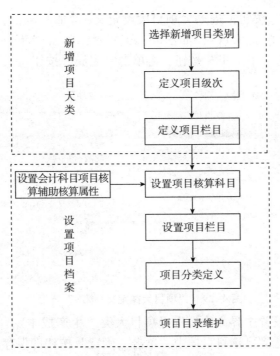

图 4-27　建立项目档案的操作流程

【实务案例】

鸿达科技有限公司 2023 年 12 月份需项目核算的有生产成本，其具体信息如下：

项目大类名称：生产成本，选择"普通项目"。项目级次：12。项目结构为默认值。

核算科目：500101、500102、500103。

项目分类：1. 基本生产产品；2. 辅助生产产品。

项目目录：101. A 产品，所属分类为 1；102. B 产品，所属分类为 1。

【操作步骤】

（1）在企业应用平台中，执行"基础设置→基础档案→财务→项目目录"指令，进入"项目档案"设置主界面，如图 4-28 所示。

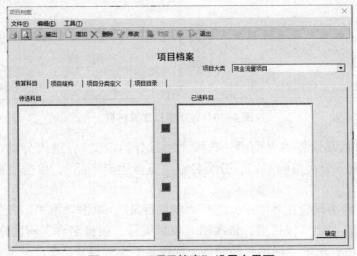

图 4-28　"项目档案"设置主界面

（2）单击"增加"按钮，进入"项目大类定义-增加"界面，输入新项目大类名称"生产成本"，选择"普通项目"，如图4-29所示，单击"下一步"按钮，输入一级"1"，二级"2"，单击"下一步"按钮，再单击"完成"按钮。

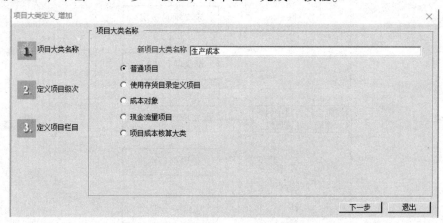

图4-29　"项目大类定义-增加"界面

（3）在项目档案设置主界面中，选择项目大类"生产成本"，将待选科目"500101""500102""500103"选到已选科目框中，单击"确定"按钮即保存，如图4-30所示。

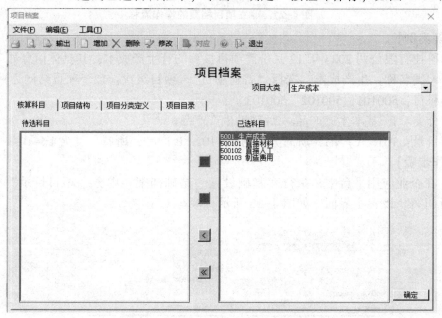

图4-30　选择项目核算科目

（4）在项目档案设置主界面中，选择"项目分类定义"，进入分类定义界面，单击"增加"按钮，输入分类编码"1"，分类名称"基本生产产品"，单击"确定"按钮即保存设置。

（5）在项目档案设置主界面中，选择"项目目录"，单击"维护"按钮进入项目档案维护界面，单击"增加"按钮后，依次输入项目编号、项目名称、所属分类，如图4-31所示。输入完毕后，单击"退出"按钮即完成项目档案的设置。

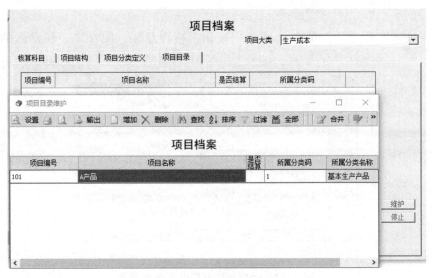

图 4-31　项目档案维护

第五节　财务期初余额录入

为了保证新系统的数据能与原系统的数据相衔接，保持账簿数据的完整性，在应用总账进行日常业务处理前，需要将一些基础数据输入系统中。

在系统中录入期初余额时，以下事项需注意：

（1）要求录入末级科目的余额，非末级科目的余额系统自动计算。

（2）年初启用总账，可直接录入年初余额；年中启用总账，需要输入余额和借贷方累计发生额，由系统自动计算年初余额。

（3）有辅助核算的科目，必须输入辅助账的期初数据。如果是往来科目可输入期初往来明细。

（4）凭证记账后，期初余额变为"浏览只读"状态，不能再修改。

（5）期初余额试算不平衡，不能记账，可以填制凭证。

（6）对当前期初余额进行对账，核对总账、明细账、辅助账的数据。

"用友 ERP-U8"V10.1 系统期初余额录入界面有三种颜色显示的会计科目，分别为白色、灰色和浅黄色。

①白色显示的会计科目可直接输入金额。

②灰色显示的科目为父级科目，其金额由所属的下级科目金额汇总而来，不可直接输入。

③浅黄色显示的科目为具有辅助核算的会计科目，其金额也不可直接输入，而需要进入相应的辅助核算输入界面才能录入金额，即双击浅黄色区进入辅助明细界面录入。

【操作步骤】

（1）在总账系统中，执行"设置→期初余额"指令，进入"期初余额"录入界面。

（2）将光标移到需要输入数据的余额栏，直接输入数据。有辅助核算的科目余额，需双击其对应余额栏，进入其明细录入界面后，再录入辅助核算的明细余额，如图 4-32

所示。

（3）录完所有余额后，单击"试算"按钮，检查总账、明细账、辅助账的期初余额
是否一致。

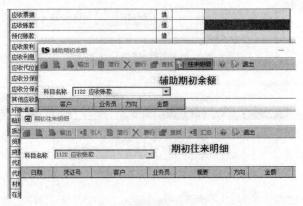

图 4-32　"期初往来明细"录入界面

在操作过程中，需要注意以下内容，并熟练使用。

"试算"：显示期初试算平衡表，显示试算结果是否平衡。如果不平，需重新调整至平
衡后再进行下一步工作。

"查找"：输入科目编码或名称，或通过科目参照输入要查找的科目，可快速显示此科
目所在的记录行。如果在录入期初余额时使用查找功能，可以提高输入速度。

"清零"：期初余额清零功能。当此科目的下级科目的期初数据互相抵消使本科目的期
初余额为零时，清除此科目的所有下级科目的期初数据。存在已记账凭证时此按钮置灰。

"对账"：期初余额对账。核对总账上下级、核对总账与部门账、核对总账与客户往来
账、核对总账与供应商往来账、核对总账与个人往来账、核对总账与项目账。

如果对账后发现有错误，可单击"显示对账错误"按钮，系统将把对账中发现的问题
列出来。

本案例无期初余额。

　**思考题**

1. 简述"用友 ERP-U8"系统中系统管理模块的功能。
2. 如何建立新账套？
3. 简述建立会计科目的原则和设置辅助科目的作用。
4. 如何增加、修改、删除会计科目？
5. 为什么要建立基础档案？如何建立这些档案？

第五章 日常账务处理

📝 **学习目的及要求**

1. 掌握会计凭证各项内容的填写要求；掌握凭证填制方法、凭证查询方法；掌握凭证汇总和修改的方法；掌握审核凭证的意义和方法。

2. 掌握记账的条件及处理流程；了解账簿输出的原理；熟悉总账、余额表、日记账、三栏及多栏明细账的查询方法；掌握各种辅助核算的处理过程、作用及辅助账核算管理的方法。

◆ **课程思政**

客观公正是会计工作的根本，也是维护国家和社会公众利益、维持经济持续健康发展的需要。客观公正是会计职业者的一种工作态度。要引导学生对会计业务处理，对会计政策和会计方法的选择，以及对财务会计报告的编制、披露和评价，独立进行职业判断，做到客观、公平、理智、诚实。

第一节　凭证处理

凭证处理是日常账务处理中最频繁的工作。账务处理从输入会计凭证开始，经过计算机对会计数据的处理，生成各类凭证、账簿文件，最后产生科目余额文件并完成整个处理过程。凭证处理数据的流程如图 5-1 所示。

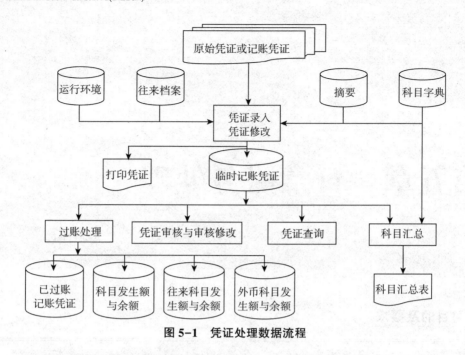

图 5-1　凭证处理数据流程

一、记账凭证的产生途径与输入方式

产生记账凭证的途径有三种：一是根据审核无误的原始凭证直接在计算机上编制记账凭证；二是先由人工编制记账凭证，再输入计算机；三是计算机自动生成的机制凭证，如自动转账凭证等。

凭证输入可采用键盘输入、软盘引入、网络传入、文本导入和自动生成机制凭证五种形式，其中键盘输入是最常用的形式。

二、记账凭证的内容和填制要求

（一）记账凭证的基本内容

（1）凭证日期。若账套业务时间与系统时间不一致，可将系统时间调整为账套业务时间。

（2）凭证种类。按照初始设定选择凭证类型。可直接录入凭证类型代码，也可使用引导功能录入。

（3）凭证号。按每一类型顺序编号，如"收"字第5号、"转"字第200号等。若凭证作废但并未在物理上删除，那么仍然占用着凭证编号；只有物理删除时其编号才被释放。

（4）摘要。手工处理中一张凭证编制一个完整的摘要。电算化系统中，摘要是以"行"为单位编制的，凭证的每一行都要有一个相对独立的摘要。系统在执行自动记账时要将凭证中的摘要内容复制到相应账簿作为账簿中的摘要内容。如果凭证中的某一行摘要内容为空，则相应账簿中这一记录的摘要内容也为空，由此影响账簿的可读性。可通过定义摘要库的方法录入摘要内容。

（5）会计科目。允许输入科目编码、助记码或科目名称，也可引导输入；必须输入最末级科目。系统将完成一些自动检查。如检查所输入科目是否已经过设置，检查科目是否为最末级科目。如遇到明细科目不存在的情况，可运用系统提供的增加明细科目的功能增补。

（6）金额。有直接输入和计算产生两种情况。对于有数量、外币核算要求的科目，根据输入的数量、单价或外币、汇率等自动计算产生金额。

（7）合计。由系统自动计算得出数据。

（8）附件张数。

每一张凭证均须在输入上述各项内容后才准予保存。凭证存盘时，账务处理系统将对存入的凭证作相应的检查，这些检查包括借贷平衡校验、科目与凭证类型匹配检验、非法对应科目检查等。

（二）记账凭证的填制要求

1. 基本信息

凭证类别为初始设置时已定义的凭证类别代码或名称。采用自动编号时，计算机自动按月、按类别进行连续编号。采用序时控制时，凭证日期应大于或等于启用日期，不能超过业务日期。由于系统默认凭证保存时不按凭证号顺序排列而按日期顺序排列，如不按序时制单将出现"凭证假丢失"现象。如有特殊需要可将其改为按序时制单，则在制单时凭证号必须按日期顺序排列。凭证一旦保存，其凭证类别、凭证编号不能修改。

2. 输入辅助核算信息——待核银行账项目

选择了支票控制，即该结算方式设为支票管理，银行账辅助信息不能为空，而且该方式的票号应在支票登记簿中有记录。对于实行支票管理的用户，在支票领用时，最好在支票登记簿中予以登记，以便系统能自动勾销未报销的支票。若支票登记簿中未登记该支票，则应在支票录入对话框中登记支票借用信息，同时填上报销日期。当输入的科目需要进行部门核算时，要求选择对应的部门名称。

3. 输入辅助核算信息——部门辅助账科目

输入部门名称有三种方法：一是直接输入部门名称；二是输入部门代码；三是参照输入。不管采用哪种方法，都要求在部门目录中预先定义好要输入的部门，否则系统会发出警告，要求先到部门目录中对该部门进行定义，再进行制单。

4. 输入辅助核算信息———个人往来科目

当输入的科目需要登记个人往来账时，要求输入对应的部门和往来个人。当输入一个不存在的个人姓名时，应先编辑该人姓名及其他资料并保存。在录入个人信息时，若不输"部门名称"只输"个人名称"时，系统将根据所输个人名称自动输入其所属部门。

5. 输入辅助核算信息——单位往来科目

当输入的科目需要登记往来账时，要求输入对应的单位代码和业务员姓名。单位往来包括供应商往来和客户往来。如果往来单位不属于已定义的往来单位，则要正确输入新往来单位的辅助信息，系统会自动追加到往来单位的目录中。

6. 输入辅助核算信息——数量金额核算科目

系统根据数量单位自动计算出金额，并将金额先填在借方；如果方向不符，将光标移动到贷方后，按空格键即可调整金额方向。若不填写该辅助信息，软件仍可继续操作，不显示出错警告，但可能导致数量辅助账的对账不平。

7. 输入辅助核算信息——项目核算科目

当输入的科目是项目核算科目时，屏幕弹出辅助信息输入界面，要求输入项目核算信息。

8. 输入辅助核算信息——外币核算科目

输入外币核算信息时，如使用固定汇率，汇率栏中内容是固定的，不能输入或修改。如使用变动汇率，汇率栏中显示最近一次汇率，可以直接在汇率栏中修改。

【实务案例】

鸿达科技有限责任公司2023年12月份日常主要业务如下：

公司筹建期的资金筹集业务：

（1）2023年12月1日，鸿达科技有限责任公司收到A公司9 000万元和B公司1 000万元的投入资金，存入公司的开户银行。（结算方式：其他）

借：银行存款——工行存款　　　　　　　　　　　100 000 000
　　贷：实收资本——A公司　　　　　　　　　　　　　90 000 000
　　　　　　　　——B公司　　　　　　　　　　　　　10 000 000

（2）2023年12月1日，收到B公司投入的价值为100万元的全新设备一台，投入使用（该设备不需安装、不涉及增值税）。

借：固定资产　　　　　　　　　　　　　　　　1 000 000
　　贷：实收资本——B公司　　　　　　　　　　　　　1 000 000

（3）2023年12月1日，B公司投入的是一块土地使用权，经投资双方共同确认的价值为100万元，已办完相关手续。

借：无形资产　　　　　　　　　　　　　　　　1 000 000
　　贷：实收资本——B公司　　　　　　　　　　　　　1 000 000

（4）2023年12月1日，鸿达科技有限责任公司因发展需要，决定增加注册资本60万元（其中B公司认缴40%的资本，C公司认缴60%的资本），分别收到B公司和C公司的缴款28万元和42万元，款项通过开户银行转入鸿达公司的账户。（结算方式：其他）

借：银行存款——工行存款　　　　　　　　　　　700 000
　　贷：实收资本——B公司　　　　　　　　　　　　　240 000
　　　　　　　　——C公司　　　　　　　　　　　　　360 000
　　资本公积——资本溢价　　　　　　　　　　　　　100 000

（5）鸿达科技有限责任公司于2023年12月1日向银行借入一笔生产经营用短期借款，共计120 000元，期限为9个月，年利率为8%。根据与银行签署的借款协议，该项借款的本金到期一次归还；其中一半的利息分月预提，按季支付，另一半的利息分月支付。

（结算方式：其他）

　　借：银行存款——工行存款　　　　　　　　　　　　120 000
　　　　贷：短期借款　　　　　　　　　　　　　　　　　　120 000

　　（6）为购建一条新的生产线（工期2年），鸿达科技有限责任公司2023年12月1日从银行取得期限为3年的人民币借款6 000 000元，存入银行。借款的年利率为8%，合同规定到期一次还本付息，单利计息。公司当即将该借款投入到生产线的购建工程中。2025年年末，全部偿还该笔借款的本金和利息。（结算方式：其他）

　　借：银行存款——工行存款　　　　　　　　　　　　6 000 000
　　　　贷：长期借款——本金　　　　　　　　　　　　　　6 000 000

公司供应过程业务：

　　（7）2023年12月1日，鸿达科技有限责任公司提取备用金50 000元。（结算方式：现金支票，票号：XJZP001）

　　借：库存现金　　　　　　　　　　　　　　　　　　50 000
　　　　贷：银行存款——工行存款　　　　　　　　　　　　50 000

　　（8）2023年12月2日，鸿达科技有限责任公司购入一台不需要安装的设备，该设备的买价20 000元，增值税2 600元，包装运杂费等1 000元，全部款项使用银行存款（结算方式：转账支票，票号：ZZZP001）支付，设备当即投入使用。

　　借：固定资产　　　　　　　　　　　　　　　　　　21 000
　　　　应交税费——应交增值税（进项税额）　　　　　　2 600
　　　　贷：银行存款——工行存款　　　　　　　　　　　　23 600

　　（9）2023年12月2日，鸿达科技有限责任公司购入一台需要安装的设备，该设备的买价40 000元，增值税5 200元，包装运杂费等1 000元，不考虑运费的增值税，全部款项使用银行存款（结算方式：转账支票，票号：ZZZP002）支付。购入设备时：

　　借：在建工程　　　　　　　　　　　　　　　　　　41 000
　　　　应交税费——应交增值税（进项税额）　　　　　　5 200
　　　　贷：银行存款——工行存款　　　　　　　　　　　　46 200

　　（10）2023年12月2日，上述购入设备发生安装费用为500元，以银行存款（结算方式：现金支票，票号：XJZP002）支付。

　　借：在建工程　　　　　　　　　　　　　　　　　　500
　　　　贷：银行存款——工行存款　　　　　　　　　　　　500

　　（11）2023年12月2日，上述购入设备安装完工时，则将"在建工程"借方发生额合计，即该工程的全部支出转入"固定资产"科目。

　　借：固定资产　　　　　　　　　　　　　　　　　　41 500
　　　　贷：在建工程　　　　　　　　　　　　　　　　　　41 500

　　（12）2023年12月2日，鸿达科技有限责任公司按实际成本计价核算原材料。公司从D工厂购入下列材料：甲材料5 000千克，单价20元/千克；乙材料2 000千克，单价15元/千克，增值税税率13%，全部款项用银行存款（结算方式：转账支票，票号：ZZZP003）付清，材料尚未入库。

借：在途物资——甲材料   100 000

    ——乙材料   30 000

  应交税费——应交增值税（进项税额） 16 900

  贷：银行存款——工行存款   146 900

（13）2023年12月2日，鸿达科技有限责任公司用银行存款（结算方式：转账支票，票号：ZZZP004）14 000元支付上述购入甲、乙材料的外地运杂费，不考虑运费的增值税，按照材料的重量比例进行分配。

【分析】对甲、乙材料应共同负担的14 000元外地运杂费进行分配：

分配率＝14 000÷（5 000+2 000）＝2（元/千克）

甲材料应负担的采购费用＝5 000×2＝10 000（元）

乙材料应负担的采购费用＝2 000×2＝4 000（元）

材料的外地运杂费是属于外购材料的采购费用，应分别计入材料的采购成本，借记"在途物资"的明细账户。支付的银行存款，应贷记"银行存款"账户。分录如下：

借：在途物资——甲材料   10 000

    ——乙材料   4 000

  贷：银行存款——工行存款   14 000

（14）2023年12月3日，鸿达科技有限责任公司从D工厂购入的上述甲、乙材料验收入库，结转甲、乙材料的实际采购成本。

【分析】首先计算甲、乙材料的实际采购成本：

甲材料的实际采购成本＝100 000+10 000＝110 000（元）

乙材料的实际采购成本＝30 000+4 000＝34 000（元）

甲、乙材料实际采购成本，也就是未入库前登记在"在途物资"明细账户的借方发生额。按实际成本计价时，材料验收入库应按实际成本结转，一方面材料采购支出的结转，是对"在途物资"的减少，应记入该账户的贷方；另一方面库存材料实际成本增加，应记入"原材料"账户的借方。分录如下：

借：原材料——甲材料（5 000千克）   110 000

    ——乙材料（2 000千克）   34 000

  贷：在途物资——甲材料   110 000

      ——乙材料   34 000

（15）2023年12月3日，公司从D工厂购入下列材料：甲材料6 000千克，单价20元/千克；乙材料4 000千克，单价15元/千克，应承担的运费总计为8 000元，增值税税率13%，假设运费适用税率为9%。采购甲、乙材料的相关账单和发票已到，但材料价款、税金及运杂费均尚未支付，材料尚未入库。

运费可抵扣的进项税为：8 000×9%＝720（元）

计入材料成本的运费为：8 000-720＝7 280（元）

运费分配率＝7 280÷（6 000+4 000）＝0.728（元/千克）

甲材料应分摊的运费＝0.728×6 000＝4 368（元）

乙材料应分摊的运费＝0.728×4 000＝2 912（元）

甲材料总成本＝6 000×20＋4 368＝124 368（元）

乙材料总成本＝4 000×15＋2 912＝62 912（元）

进项税总额＝（6 000×20＋4 000×15）×13%＋720＝24 120（元）

借：在途物资——甲材料　　　　　　　　　　　　　　124 368

　　　　　　——乙材料　　　　　　　　　　　　　　62 912

　　应交税费——应交增值税（进项税额）　　　　　　24 120

　　贷：应付账款——D工厂　　　　　　　　　　　　　211 400

（16）2023年12月3日，鸿达科技有限责任公司以银行存款（结算方式：转账支票，票号：ZZZP005）支付D工厂上笔部分货款11 400元，分录如下：

借：应付账款——D工厂　　　　　　　　　　　　　　11 400

　　贷：银行存款——工行存款　　　　　　　　　　　　11 400

（17）2023年12月3日，鸿达科技有限责任公司还签发并承兑一张商业汇票，用以抵付D工厂上笔货款的余下部分200 000元。分录如下：

借：应付账款——D工厂　　　　　　　　　　　　　　200 000

　　贷：应付票据——D工厂　　　　　　　　　　　　　200 000

（18）2023年12月3日，公司从D工厂购入的甲材料6 000千克，乙材料4 000千克验收入库。

借：原材料——甲材料　　　　　　　　　　　　　　　124 368

　　　　　　——乙材料　　　　　　　　　　　　　　62 912

　　贷：在途物资——甲材料　　　　　　　　　　　　　124 368

　　　　　　　　——乙材料　　　　　　　　　　　　　62 912

（19）2023年12月3日，鸿达科技有限责任公司签发并承兑一张商业汇票从D工厂购入丙材料1 000千克，该批材料的含税总价款为226 000元，增值税税率13%。

【分析】该笔业务出现的是含税价款，应先价税分离：

不含税价款＝226 000÷（1＋13%）＝200 000（元）

增值税税额＝200 000×13%＝26 000（元）

借：在途物资——丙材料　　　　　　　　　　　　　　200 000

　　应交税费——应交增值税（进项税额）　　　　　　26 000

　　贷：应付票据——D工厂　　　　　　　　　　　　　226 000

（20）2023年12月3日，鸿达科技有限责任公司按照合同规定用银行存款预付给E工厂订丁材料的货款180 000元。（结算方式：其他）

借：预付账款——E工厂　　　　　　　　　　　　　　180 000

　　贷：银行存款——工行存款　　　　　　　　　　　　180 000

（21）2023年12月5日，收到E工厂发来的前已预付货款的丁材料。随货物附来的发票注明该批丁材料20 000千克，单价21元/千克，价款合计420 000元，增值税进项税额54 600元，除冲销原预付款180 000元外，不足款项立即用银行存款（结算方式：转账支票，票号：ZZZP006）支付。另发生运费5 000元，用现金支付。不考虑运费的增值税抵扣。

借：在途物资——丁材料 425 000

应交税费——应交增值税（进项税额） 54 600

贷：预付账款——E工厂 180 000

银行存款——工行存款 294 600

库存现金 5 000

（22）2023年12月5日，验收从E工厂购入的丁材料入库，结转材料实际成本时，分录如下：

借：原材料——丁材料 425 000

贷：在途物资——丁材料 425 000

生产过程业务：

（23）2023年12月10日，鸿达科技有限责任公司本月仓库发出材料汇总如表5-1所示。

表5-1 发出材料汇总

用途	甲材料		乙材料		材料耗用合计/元
	数量/千克	金额/元	数量/千克	金额/元	
制造产品领用：					
A产品耗用	8 000	176 000	6 000	102 000	278 000
B产品耗用	10 000	220 000	4 000	68 000	288 000
小计	18 000	396 000	10 000	170 000	566 000
车间一般耗用	5 000	110 000	2 000	34 000	144 000
合计	23 000	506 000	12 000	204 000	710 000

依据上表进行材料费用的归集与分配，分录如下：

借：生产成本——直接材料（A产品） 278 000

——直接材料（B产品） 288 000

制造费用 144 000

贷：原材料——甲材料 506 000

——乙材料 204 000

（24）2023年12月25日，鸿达科技有限责任公司根据当月的考勤记录和产量记录等，月末计算确认当期应付给生产人员的薪酬为500 000元，其中A产品直接生产人员薪酬200 000元，B产品直接生产人员薪酬160 000元，车间管理人员薪酬140 000元；应支付给厂部行政管理人员工资300 000元。依据职工所在的岗位进行人工费用的归集与分配，分录如下：

借：生产成本——直接人工（A产品） 200 000

——直接人工（B产品） 160 000

制造费用 140 000

管理费用 300 000

贷：应付职工薪酬——工资 800 000

（25）2023 年 12 月 25 日，以银行存款（结算方式：其他）支付本月职工薪酬时，分录如下：

借：应付职工薪酬——工资 800 000

贷：银行存款——工行存款 800 000

（26）2023 年 12 月 25 日，鸿达科技有限责任公司用银行存款（结算方式：转账支票，票号：ZZZP007）支付应由本月负担的车间设备修理费 3 000 元，用现金 500 元购买车间的办公用品。

借：制造费用 3 500

贷：银行存款——工行存款 3 000

库存现金 500

销售过程业务：

（27）2023 年 12 月 25 日，鸿达科技有限责任公司销售给国贸商城 50 台 A 产品，发票注明的货款为 300 000 元，增值税 39 000 元。另外，公司用现金为该商城垫付运费 1 500 元。国贸商城验货后将价款、税款和运费全部转入本公司银行账户（结算方式：其他）。分录如下：

借：银行存款——工行存款 340 500

贷：主营业务收入——A 产品 300 000

应交税费——应交增值税（销项税额） 39 000

库存现金 1 500

（28）2023 年 12 月 25 日，鸿达科技有限责任公司赊销给国贸商城 10 台 A 产品，发票注明的货款为 60 000 元，增值税 7 800 元。另外，公司用工行存款（结算方式：转账支票，票号：ZZZP008）为该商城垫付运费 300 元。分录如下：

借：应收账款——国贸商城 68 100

贷：主营业务收入——A 产品 60 000

应交税费——应交增值税（销项税额） 7 800

银行存款——工行存款 300

（29）2023 年 12 月 25 日，鸿达科技有限责任公司收到国贸商城偿付部分货款 18 100 元（结算方式：其他），分录如下：

借：银行存款——工行存款 18 100

贷：应收账款——国贸商城 18 100

（30）2023 年 12 月 25 日，鸿达科技有限责任公司收到国贸商城开出并承兑的商业汇票 50 000 元以抵偿其余下的前欠货款，分录如下：

借：应收票据——国贸商城 50 000

贷：应收账款——国贸商城 50 000

（31）2023 年 12 月 25 日，鸿达科技有限责任公司赊销给国贸商城 50 台 B 产品，发票注明的货款为 200 000 元，增值税 26 000 元。另外，公司用工行存款（结算方式：转账支票，票号：ZZZP009）为该商城垫付运费 1 500 元。公司收到了一张已承兑的含全部款项的商业汇票，则销售收入的确认分录如下：

借：应收票据——国贸商城 227 500

贷：主营业务收入——B 产品 200 000

应交税费——应交增值税（销项税额） 26 000

银行存款——工行存款 1 500

（32）2023 年 12 月 25 日，鸿达科技有限责任公司用国贸商城的两张商业汇票抵付应付 D 工厂票据 226 000 元，余额作为预付款。分录如下：

借：应付票据——D 工厂 226 000

预付账款——D 工厂 51 500

贷：应收票据——国贸商城 277 500

（33）2023 年 12 月 25 日，鸿达科技有限责任公司按照合同约定预收 G 工厂订购 B 产品的货款 200 000 元，存入银行（结算方式：转账支票，票号：ZZZP010）。

借：银行存款——工行存款 200 000

贷：预收账款——G 工厂 200 000

（34）2023 年 12 月 25 日，鸿达科技有限责任公司的行政人员张明预借差旅费4 000元。

借：其他应收款——张明 4 000

贷：库存现金 4 000

（35）2023 年 12 月 25 日，鸿达科技有限责任公司向 G 工厂发出 B 产品 70 台，发票注明价款 280 000 元，增值税销项税额 36 400 元。预收款不足，其差额部分当即收到并存入银行（结算方式：转账支票，票号：ZZZP011）。

借：预收账款——G 工厂 200 000

银行存款——工行存款 116 400

贷：主营业务收入——B 产品 280 000

应交税费——应交增值税（销项税额） 36 400

（36）2023 年 12 月 25 日，鸿达科技有限责任公司销售给 G 工厂的 B 产品由于质量问题被退回 10 台，按照规定应冲减本月收入 40 000 元和增值税税额 5 200 元，有关款项通过银行付清（结算方式：转账支票，票号：ZZZP012。填红字凭证）。

【分析】退货编写的分录与销售时编写的分录的借贷方向相反，如下：

借：主营业务收入——B 产品 40 000

应交税费——应交增值税（销项税额） 5 200

贷：银行存款——工行存款 45 200

也可填红字凭证如下所示：

借：银行存款——工行存款 45 200

贷：主营业务收入——B 产品 40 000

应交税费——应交增值税（销项税额） 5 200

注：录入红字金额前输入"-"号。

（37）2023 年 12 月 26 日，鸿达科技有限责任公司购入一股票作为交易性金融资产管

理，买价为 300 000 元。（结算方式：其他）

借：交易性金融资产 300 000
　　贷：银行存款——工行存款 300 000

（38）2023 年 12 月 30 日，鸿达科技有限责任公司经计算，本月销售 A、B 产品应缴纳城市维护建设税 14 000 元，教育费附加 6 000 元，另外 A 产品应缴纳消费税 35 000 元（假设 A 产品为应税消费品）。

借：税金及附加 55 000
　　贷：应交税费——应交消费税 35 000
　　　　　　　　——应交城市维护建设税 14 000
　　　　　　　　——应交教育费附加 6 000

（39）2023 年 12 月 30 日，鸿达科技有限责任公司销售 1 000 千克多余甲材料，价款 30 000 元，增值税 3 900 元，款项收到存入银行（结算方式：转账支票，票号：ZZZP013）。

借：银行存款——工行存款 33 900
　　贷：其他业务收入 30 000
　　　　应交税费——应交增值税（销项税额） 3 900

（40）2023 年 12 月 30 日，结转上述销售甲材料 1 000 千克的成本 22 000 元。

借：其他业务成本 22 000
　　贷：原材料——甲材料 22 000

（41）2023 年 12 月 30 日，鸿达科技有限责任公司向某单位转让商标的使用权，获得不含税收入 200 000 元。根据税法要求应按 6% 的税率计算转让商标收入应缴纳的增值税。转让价款和增值税款均已收到，存入银行（结算方式：转账支票，票号：ZZZP014）。

【分析】转让商标使用权，是让渡资产的使用权，其收入属于其他业务收入的范围。银行存款增加应记入"银行存款"账户的借方。其他业务收入增加应记入"其他业务收入"账户的贷方。应交增值税 = 200 000×6% = 12 000（元）。增值税销项税应记入"应交税费——应交增值税"明细账户的贷方。分录如下：

借：银行存款——工行存款 212 000
　　贷：其他业务收入 200 000
　　　　应交税费——应交增值税（销项税额） 12 000

（42）2023 年 12 月 30 日，鸿达科技有限责任公司收到出租设备本月租金 6 780 元存入银行（结算方式：转账支票，票号：ZZZP015），公司适用 13% 的增值税税率。

【分析】出租是让渡资产使用权，属于其他业务。租金中包含增值税税额，应进行价税分离：不含税的租金为 6 000 元（6 780÷（1+13%）），增值税税额为 780 元。银行存款增加应记入"银行存款"账户的借方，收入增加应记入"其他业务收入"的贷方，增值税销项税额应记入"应交税费——应交增值税"明细账户的贷方。分录如下：

借：银行存款——工行存款 6 780
　　贷：其他业务收入 6 000
　　　　应交税费——应交增值税（销项税额） 780

（43）2023 年 12 月 30 日，计提出租设备本月的折旧费为 400 元。

借：其他业务成本 400
　　贷：累计折旧 400

（44）2023 年 12 月 30 日，鸿达科技有限责任公司的行政人员张明出差归来报销差旅费 3 500 元，原借款 4 000 元，余额退回现金。

【分析】行政部门差旅费属于管理费用。报销差旅费说明相关费用已发生，管理费用增加，应记入"管理费用"账户的借方。出差前借款时通过"其他应收款"账户核算，这部分债权减少，应记入"其他应收款"的贷方。收到退回的现金 500 元（4 000-3 500），应记入"库存现金"账户借方。分录如下：

借：管理费用 3 500

　　库存现金 500

　　贷：其他应收款——张明 4 000

（45）2023 年 12 月 30 日，鸿达科技有限责任公司经计算，本月应缴纳车船税 6 000 元、房产税 12 000 元。另外用银行存款（结算方式：转账支票，票号：ZZZP016）支付本月的印花税 3 000 元。

【分析】车船税、房产税、印花税均属于管理费用，管理费用增加应记入"管理费用"账户的借方。其中车船税、房产税还未缴纳，因而在本月形成一项负债，记入"应交税费"明细账户的贷方。印花税比较特殊，是随时发生随时缴纳的，记入"银行存款"账户的贷方。分录如下：

借：管理费用 21 000

　　贷：应交税费——应交车船税 6 000

　　　　　　　　——应交房产税 12 000

　　银行存款——工行存款 3 000

（46）2023 年 12 月 30 日，鸿达科技有限责任公司下设一销售网点，经计算该网点销售人员的当月工资为 87 400 元。

【分析】销售机构人员的工资属于销售费用。费用增加，应记入"销售费用"账户的借方。工资尚未支付，形成一项负债，应记入"应付职工薪酬"账户的贷方。分录如下：

借：销售费用 87 400

　　贷：应付职工薪酬——工资 87 400

（47）2023 年 12 月 30 日，鸿达科技有限责任公司将以前购入的某一为了交易目的而持有的股票出售，买价为 300 000 元，卖价为 380 000 元，所得款项存入银行（结算方式：其他）。

【分析】为了交易目的而持有的股票属于交易性金融资产，出售股票使资产减少，应记入"交易性金融资产"账户的贷方。出售取得的款项存入银行，应记入"银行存款"账户的借方。卖价与买价之差确认为企业的投资收益 80 000 元（380 000-300 000），应记入"投资收益"账户的贷方。分录如下：

借：银行存款——工行存款 380 000

　　贷：交易性金融资产 300 000

　　　　投资收益 80 000

（48）2023 年 12 月 30 日，鸿达科技有限责任公司收到政府返还的税款 90 000 元，存入银行（结算方式：其他）。

【分析】政府返还税款是政府对企业的补助，属于营业外收入，营业外收入增加应记入"营业外收入"账户的贷方。银行存款增加，应记入"银行存款"账户的借方。分录如下：

借：银行存款——工行存款　　　　　　　　　　90 000

　　贷：营业外收入　　　　　　　　　　　　　　　90 000

（49）2023 年 12 月 30 日，鸿达科技有限责任公司用银行存款 30 000 元支付一项公益性捐赠。（结算方式：转账支票，票号：ZZZP017）

【分析】公益性捐赠支出属于营业外支出。发生营业外支出是费用的增加，应记入"营业外支出"账户的借方。用银行存款支付，应记入"银行存款"账户的贷方。分录如下：

借：营业外支出　　　　　　　　　　　　　　30 000

　　贷：银行存款——工行存款　　　　　　　　　　30 000

【操作步骤】

（1）一般凭证的填制，如例（1）。

①在"总账"系统中，执行"凭证→填制凭证"指令，进入"填制凭证"界面。

②单击"增加"按钮，在凭证类别框中，单击"参照"按钮，选择"收款凭证"，系统自动带出制单日期"2023-12-01"，输入附单据数。

③在"摘要"栏输入摘要，在"科目名称"处可单击"参照"按钮，选择"100201"，单击"确定"按钮。

④在"借方金额"栏输入"100 000 000.00"后，回车可继续输入下一行的摘要、科目和金额。不同行的摘要可以相同也可以不同，但不能为空。每行摘要将随相应的会计科目在明细账、日记账中出现。当前新增分录完成后，按"Enter"键，系统将摘要自动复制到下一分录行。会计科目通过科目编码或科目助记码输入，科目编码必须是末级的科目编码，如图 5-2 所示。金额不能为"零"；红字数据在输入数据前需输"-"号（负号）。

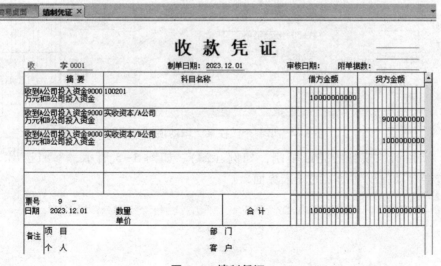

图 5-2　填制凭证

（2）待核银行账项目的凭证填制，如例（8）。如图5-3所示，参照选出"100201"后，系统会自动弹出辅助项的录入界面。

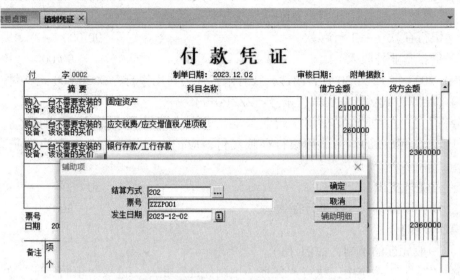

图5-3 填制结算方式"辅助项"对话框

（3）部门、个人往来辅助核算的凭证填制，如例（34）。如图5-4所示，参照选出"1221"后，系统会自动弹出辅助项的录入界面。

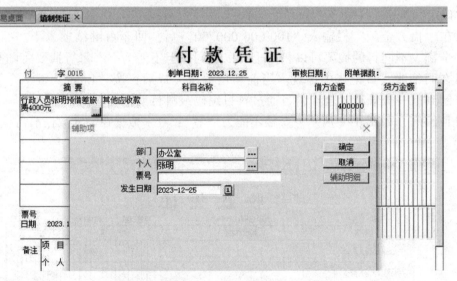

图5-4 填制个人往来"辅助项"对话框

（4）项目辅助核算的凭证填制，如例（23）。如图5-5所示，参照选出"500101"后，系统会自动弹出辅助项的录入界面。

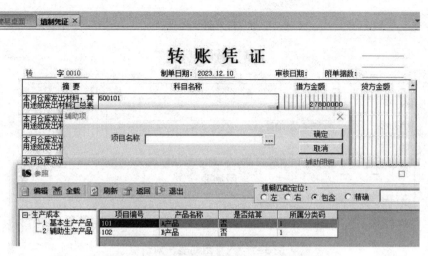

图5-5 填制项目"辅助项"对话框

（5）外币辅助核算的凭证填制，如图5-6所示，参照选出"银行存款/中行存款"后，系统会自动弹出外币的录入栏。

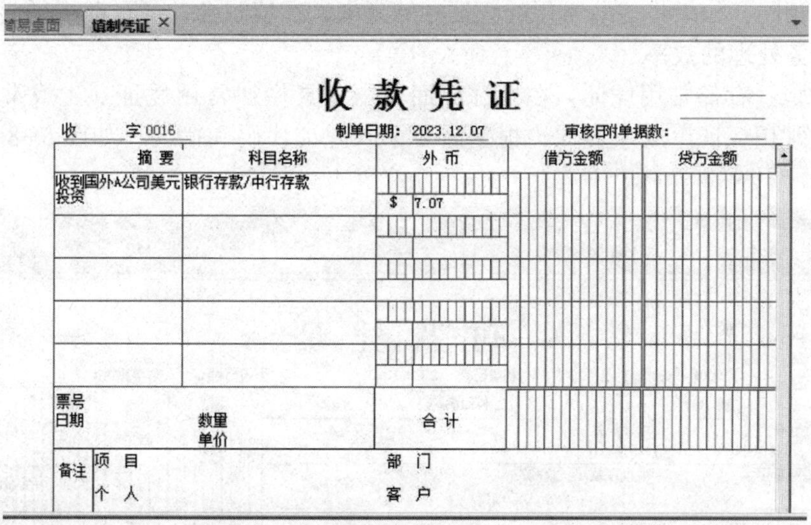

图5-6 填制外币"辅助项"对话框

数量金额和单位往来辅助核算的凭证填制，可采用与前面类似的方法填制，也可由供应链系统和往来款管理系统自动生成凭证传到总账系统中。

（三）常用摘要的生成与调用

在输入单据或凭证的过程中，因为业务的重复性发生，经常会有许多摘要完全相同或大部分相同，如果将这些常用摘要存储起来，在输入单据或凭证时随时调用，可大大提高业务处理效率。调用常用摘要有三种方式可供选择：一是在输入摘要时直接输摘要代码；二是按［F2］键；三是参照输入。

在填制凭证时，单击摘要栏右边的"参照"按钮可调出常用摘要的增加界面，如图5-7所示。单击"增加"按钮后，输入摘要编码、内容和相关科目即可。调用时，双击要调用的常用摘要即可。

图 5-7　"常用摘要"对话框

（四）常用凭证的生成与调用

由于会计业务都有其规范性，因而在日常填制凭证的过程中，经常会有许多凭证完全相同或部分相同，如果将这些常用的凭证存储起来，在填制会计凭证时可随时调用，就会大大提高业务处理的效率。

（1）生成、存储常用凭证：在凭证界面单击工具栏"常用凭证→生成常用凭证"按钮，调出"常用凭证生成"界面，根据需要录入凭证代码和摘要，如图 5-8 所示，然后保存。

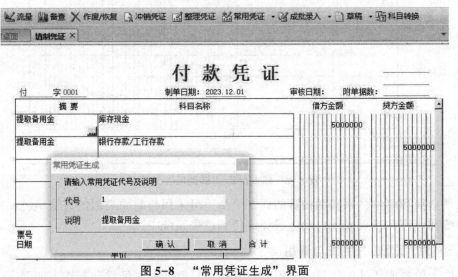

图 5-8　"常用凭证生成"界面

（2）调用常用凭证：在凭证界面单击工具栏"常用凭证→调用常用凭证"按钮，调出常用凭证界面，输入要调用的凭证代号，选择即可。

三、记账凭证修改和删除

（一）凭证修改

凭证输入时尽管系统提供了多种控制措施，但错误在所难免，记账凭证的错误必然影响系统的核算结果。财务会计制度和审计对错误凭证的修改有严格的要求，根据这些要求，电算化总账系统对不同状态下错误凭证的修改提供了两种方式。

（1）凭证的"无痕迹"修改。所谓"无痕迹"，即不留下任何曾经修改的线索和痕迹，也即调出原已录入的凭证，直接修改其中的内容。在两种状态下的错误凭证可进行无痕迹修改：一是凭证输入后，还未审核或审核未通过，此时可利用凭证的编辑输入功能直接由录入员进行修改；二是凭证虽已通过审核，但还未记账，此时应首先由凭证审核人员取消审核，再由原录入人员利用凭证的编辑输入功能进行修改。

"无痕迹"修改的具体操作步骤如下：

①在"填制凭证"界面中，通过"查询"功能找到要修改的凭证，将光标定在要修改的地方即可直接修改。

②双击要修改的辅助项，可直接修改"辅助项"对话框中的相关内容。

③在当前金额的相反方向，按空格键可直接修改金额方向。

④单击"增行"按钮，可在当前分录前增加一条新的分录。

⑤若当前分录的金额为其他所有分录的借贷方差额，则在金额处按"="键即可。

⑥单击"保存"按钮，保存当前修改。

（2）错误凭证的"有痕迹"修改。所谓"有痕迹"，指留下曾经修改的线索和痕迹，即以红字冲销或补充登记的方法来修改凭证中的错误。对已记账的错误凭证可以采用类似手工操作中的红字冲销和补充登记的方法进行修改。使用了红字冲销和蓝字补充的方法而增加的凭证，应视同正常凭证进行保存和管理。在补充增加的凭证上必须注明原凭证的编号，以明确这一凭证与原业务的关系。

如果采用制单序时控制，则在修改制单日期时，不能在上一张凭证的制单日期之前。如果选择不允许修改或作废他人填制的凭证权限控制，则不能修改或作废他人填制的凭证。外部系统传过来的凭证不能在总账系统进行修改，只能在生成该凭证的系统中进行修改。如果涉及银行存款科目的分录已录入支票信息，并对该支票做报销处理，修改操作将不影响"支票登记簿"中的内容。

（二）冲销凭证

制作红字冲销凭证将已记账错误凭证冲销后，需要再编制正确的蓝字凭证进行补充。通过红字冲销法增加的凭证，应视同正常的凭证进行保存和管理。冲销凭证的具体操作步骤如下：

（1）在工具栏单击"冲销凭证"按钮，弹出"冲销凭证"界面。

（2）在"冲销凭证"对话框中输入需要冲销凭证的月份、类别和凭证号。

（3）单击"确定"按钮即可生成一张红字冲销凭证。

（三）删除凭证

删除凭证分为两步完成：第一步，通过"作废"给凭证打上删除标志；第二步，通过"整理凭证"将其从凭证库中物理删除。

1. 作废凭证

通过单击工具栏的"作废/恢复"按钮，可将当前凭证标注上"作废"标志，作废凭证仍保留凭证编号与内容，只显示"作废"字样。作废凭证不能修改，不能审核。在记账时，已作废的凭证应参与记账，否则月末无法结账，但不对作废凭证作数据处理，相当于一张空凭证。账簿查询时，查不到作废凭证的数据。若当前凭证已作废，可单击工具栏的"作废/恢复"，取消作废标志，并将当前凭证恢复为有效凭证。

2. 整理凭证

如果作废凭证不想保留时，可通过"整理凭证"功能，将其彻底删除，并对未记账凭证重新编号。凭证整理只能对未记账凭证进行整理。已记账凭证作凭证整理时，应先恢复成本月月初的记账状态，再作凭证整理。整理凭证的具体操作步骤如下：

（1）在工具栏单击"整理凭证"按钮，弹出"凭证期间选择"对话框，如图5-9所示。

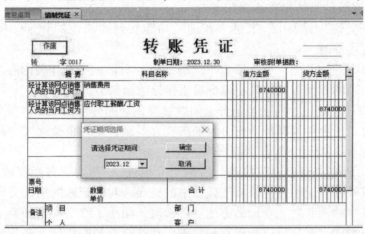

图5-9 "凭证期间选择"对话框

（2）在"凭证期间选择"对话框中输入"2023.12"，单击"确定"按钮，弹出"作废凭证表"对话框，如图5-10所示。

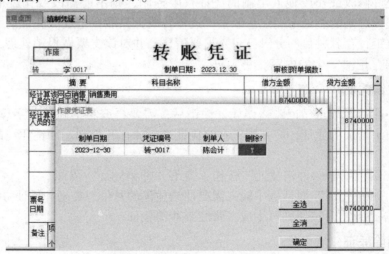

图5-10 "作废凭证表"对话框

（3）在"作废凭证表"对话框中选择需要物理删除的凭证，单击"确定"按钮后，弹出"凭证"对话框，如图5-11所示，单击"是"按钮即删除作废凭证并对凭证号进行整理。

图5-11 "凭证"对话框

四、记账凭证审核

（一）审核凭证

凭证审核是指具有审核权限的操作人员依照会计制度和会计软件的要求，对记账凭证所进行的检查和核对。

会计核算关系到国家、企业和个人的切身经济利益，而记账凭证的准确性是进行正确核算的基础。因此，无论是直接在计算机上根据已审核的原始凭证编制记账凭证，还是直接将手工编制并审核的凭证输入系统，都需要经过他人的审核后，才能作为正式凭证进行记账处理。

凭证审核的主要内容是，记账凭证是否与原始凭证相符，经济业务是否正确，记账凭证相关项目是否填写齐全，会计分录是否正确等。审核中如发现有错误或有异议时，应交与凭证填制人员进行修改或作其他处理。对于涉及现金、银行存款的收入与支出的凭证，还可通过系统参数设置后强制由出纳签字。

按照会计制度规定，凭证的填制与审核不能为同一人，因此在进行审核之前，需要更换操作员，取消审核只能由有审核权限的操作人员进行。审核凭证的具体操作步骤如下：

（1）以审核人身份进入总账系统，执行"凭证→审核凭证"指令，调出"凭证审核条件设置"界面，输入日期"2023.12.01—2023.12.31"，单击"确认"按钮，打开"凭证审核列表"界面，如图 5-12 所示。

图 5-12 "凭证审核列表"界面

（2）在"凭证审核列表"界面中，双击某一待审核凭证，进入"审核凭证"界面，如图 5-13 所示。

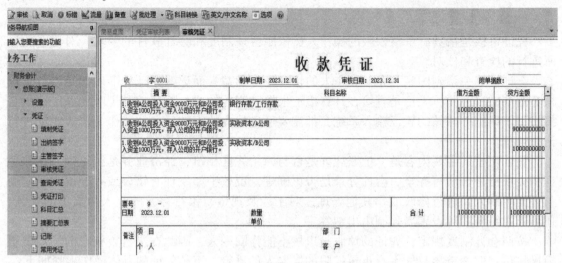

图 5-13 "审核凭证"界面

（3）在"审核凭证"界面，可逐一对每张凭证进行审核，也可全部核对完后成批审核。审核后，通过单击工具栏的"审核"按钮，在凭证底部"审核"处逐一自动签上审核人姓名，而成批审核签字通过"批处理→成批审核凭证"指令完成。

审核人必须具有审核权，选择"凭证审核权限"时还需要有对制单人所制凭证的审核权。作废凭证不能被审核，也不能被标错。已标错的凭证不能被审核，需先取消标错后才能审核。凭证一经审核，不能被修改、删除，只有取消审核后才可修改或删除。

（二）出纳签字

会计凭证填制完成之后，如果该凭证是出纳凭证，且在系统"选项"中勾选"出纳凭证必须经由出纳签字"，则应由出纳核对签字。出纳凭证由于涉及企业现金的收入与支出，应加强对出纳凭证的管理。出纳人员可以通过"出纳签字"功能对制单员填制的带有现金或银行存款的凭证进行检查核对。审查认为错误或有异议的凭证，应交与填制人员修改后再核对。

出纳签字的具体操作步骤如下：

（1）以出纳身份进入总账系统，执行"凭证→出纳签字"指令，弹出"出纳签字凭证条件设置"界面，输入日期"2023.12.01—2023.12.31"，单击"确认"按钮，进入"出纳签字列表"界面，如图 5-14 所示。

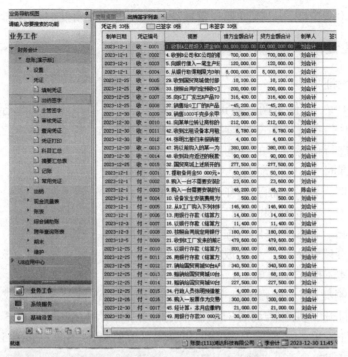

图 5-14 "出纳签字列表"界面

（2）在"出纳签字列表"界面中，双击某一待签字凭证进入"出纳签字"界面，如图 5-15 所示。

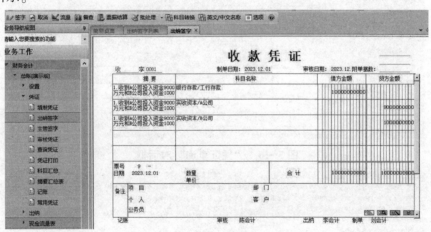

图 5-15 "出纳签字"界面

（3）在"出纳签字"界面，可逐一对每张出纳凭证进行核对签字，也可全部核对完后成批签字。逐一签字通过单击工具栏的"签字"按钮，在凭证底部"出纳"处自动签上出纳人姓名；成批签字通过"批处理→成批出纳签字"指令完成。

凭证一经签字，就不能被修改、删除，只有取消签字后才可以修改或删除，取消签字只能由出纳自己进行。

（三）主管签字

为了加强对会计人员制单的管理，系统提供"主管签字"功能，会计人员填制的凭证必须经主管签字才能记账。具体步骤与审核凭证签字和出纳凭证签字步骤类似。

五、记账凭证的查询与打印

（一）查询凭证

"用友 ERP-U8"提供了两种查询凭证的基本方式：简单查询和综合查询。简单查询是通过输入凭证月份和凭证号等少量要素来查询相应凭证；综合查询则是由系统提供给用户多个输入条件进行任意组合的查询方式。

凭证简单查询时，一般允许输入以下几个查询条件：

（1）日期。填入内容包括开始年月日和截止年月日。

（2）凭证字号。需要查询的凭证的类型与范围。

（3）科目代码。一般允许用户输入一个会计科目或某一科目范围。

（4）金额。可以输入一个金额或一个金额范围。

查询凭证的具体操作步骤如下：

（1）在"填制凭证"选项卡中，单击工具栏中的"查询"按钮，或执行"凭证→查询凭证"指令，打开"凭证查询"对话框，如图5-16所示。在"凭证查询"对话框中可逐一输入查询条件，单击"确定"按钮即可弹出需要查询的凭证，如图5-17所示。

图 5-16 "凭证查询"对话框

图 5-17 "查询凭证"选项卡

（2）在"查询凭证"选项卡中，可联查选中科目的最新余额、辅助账明细、明细账、原始单据以及预算情况。单击选中需要查询的科目，单击工具栏"余额"按钮，可联查当前科目包含所有已保存的记账凭证的最新余额；单击工具栏"联查—联查明细账"按钮，可联查当前科目的明细账；单击工具栏"联查—联查原始单据"按钮，可联查该笔业务的原始单据；单击工具栏"查辅助明细"按钮，可联查当前科目的辅助明细账；单击工具栏"预算查询"按钮，可联查当前科目的预算情况。

另外，若当前凭证为外部系统生成的凭证，可将鼠标移到记账凭证的标题处，单击鼠标左键，显示当前凭证来自哪个子系统、凭证反映的业务类型与业务号。当光标在某一分录上时，单击凭证右下方相应的图标，则显示生成该分录的原始单据类型、单据日期及单据号。

（二）科目汇总

科目汇总又称凭证汇总，指记账凭证全部输入完毕并进行审核签字后，可以进行汇总并同时生成一张"科目汇总表"。进行汇总的凭证可以是已记账的凭证，也可以是未记账的凭证，因此，财务人员可以在凭证未记账前，随时查看企业当前的经营状况和其他财务信息。在科目汇总表中，系统提供快速定位功能和查询光标所在行专项明细账和详细明细账功能。如果要查询其他条件的科目汇总表，可再调用查询功能，重新设置其查询条件。进行科目汇总的具体操作步骤如下：

（1）在"总账"系统中，执行"凭证→科目汇总"指令，弹出"科目汇总"对话框，如图5-18所示；输入其汇总条件后，单击"汇总"按钮，弹出"科目汇总表"选项卡，如图5-19所示。

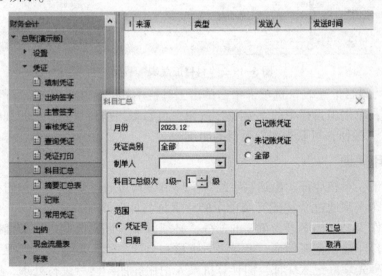

图5-18 "科目汇总"对话框

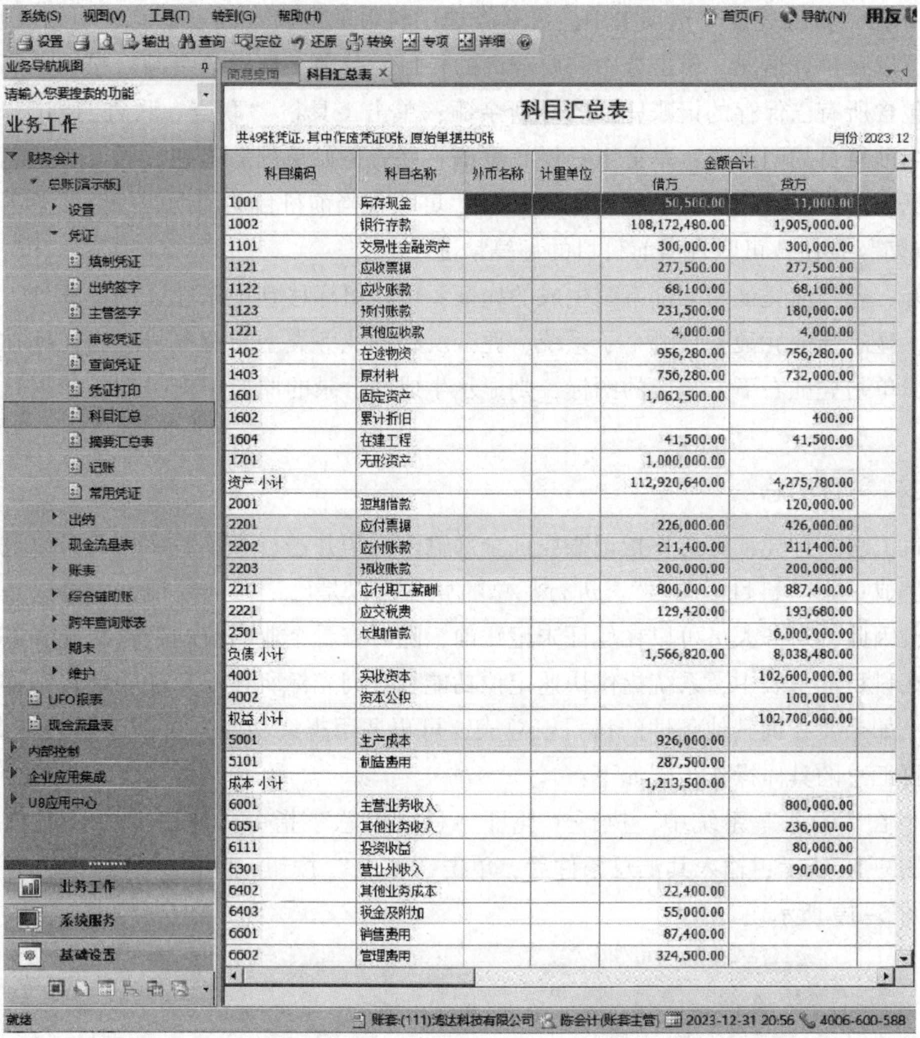

科目汇总表

共49张凭证，其中作废凭证0张，原始单据共0张　　月份：2023.12

科目编码	科目名称	外币名称	计量单位	金额合计	
				借方	贷方
1001	库存现金			50,500.00	11,000.00
1002	银行存款			108,172,480.00	1,905,000.00
1101	交易性金融资产			300,000.00	300,000.00
1121	应收票据			277,500.00	277,500.00
1122	应收账款			68,100.00	68,100.00
1123	预付账款			231,500.00	180,000.00
1221	其他应收款			4,000.00	4,000.00
1402	在途物资			956,280.00	756,280.00
1403	原材料			756,280.00	732,000.00
1601	固定资产			1,062,500.00	
1602	累计折旧				400.00
1604	在建工程			41,500.00	41,500.00
1701	无形资产			1,000,000.00	
资产 小计				112,920,640.00	4,275,780.00
2001	短期借款				120,000.00
2201	应付票据			226,000.00	426,000.00
2202	应付账款			211,400.00	211,400.00
2203	预收账款			200,000.00	200,000.00
2211	应付职工薪酬			800,000.00	887,400.00
2221	应交税费			129,420.00	193,680.00
2501	长期借款				6,000,000.00
负债 小计				1,566,820.00	8,038,480.00
4001	实收资本				102,600,000.00
4002	资本公积				100,000.00
权益 小计					102,700,000.00
5001	生产成本			926,000.00	
5101	制造费用			287,500.00	
成本 小计				1,213,500.00	
6001	主营业务收入				800,000.00
6051	其他业务收入				236,000.00
6111	投资收益				80,000.00
6301	营业外收入				90,000.00
6402	其他业务成本			22,400.00	
6403	税金及附加			55,000.00	
6601	销售费用			87,400.00	
6602	管理费用			324,500.00	

图 5-19　“科目汇总表”界面

（2）在“科目汇总表”选项卡中，单击工具栏中的“定位”按钮，可快速定位到需要查看的科目；单击工具栏中的“专项”按钮，可联查当前科目的专项明细账；单击工具栏中的“详细”按钮，可联查当前科目的明细账。

（三）打印凭证

在填制凭证、审核凭证、出纳签字的各个环节，均可通过“打印”按钮执行，但正式存档凭证的打印必须通过“凭证”菜单中的“凭证打印”功能完成。

会计凭证作为会计档案最为重要的部分，必须以纸质形式保存。如果直接输入原始凭证，由计算机打印输出记账凭证，经录入、审核和会计主管人员签章，则视为有效凭证保存；如果手工事先填好记账凭证，向计算机录入记账凭证，然后进行处理，则保存手工记账凭证或计算机打印的记账凭证皆可。无论哪种形式生成的记账凭证都必须有必要的原始凭证，按顺序编号装订成册保存。

第二节 记账

一、记账的定义

记账又称凭证过账，是指以会计凭证为依据，将经济业务全面、系统、连续地记录到具有账户基本结构的账簿中的一种会计核算方法。从记账原理上看，记账实际上是会计数据在不同数据库文件之间的传递与汇总。

（一）记账含义的变化

手工方式的"记账"是根据记账凭证逐笔登记日记账和明细账、登记总账的，是真正意义的记账；计算机方式的"记账"只是一个过程，即根据记账凭证文件或临时凭证文件中已审核的凭证，高速、准确地自动更新账务数据库文件，得到账簿和报表所需的汇总信息和明细信息。

（二）记账方式

在手工条件下，记账工作需要若干名财会人员花费很多时间才能完成；在计算机条件下，财会人员只要使用记账模块，记账工作便由计算机自动、准确、高速完成。记账工作可以在编制一张凭证后进行，也可以编制一天的凭证后记一次账，既可一天记数次账，也可以多天记一次账。

记账凭证经审核后，即可用来登记总账和明细账、日记部门账、往来账、项目账以及备查账等。记账工作采用向导方式，使记账过程更加明确。登记账簿是由有记账权限的用户发出记账指令，由计算机按照预先设计的记账程序自动进行合法性检验、科目汇总、登记账簿等操作。

记账时需要注意以下几点：

（1）凭证一经记账，就不能在这一凭证或登记这一业务的账簿上直接修改。

（2）记账开始后，不能中断系统的运行，也不允许进行其他相关操作。

（3）初次使用账务系统时，若输入的期初余额借贷不平衡或总账期初余额与其所属明细账余额不平衡，则不能进行记账。

（4）所选范围内的凭证如有未经审核签字的凭证，系统将给出提示并自动中止记账、给出报告。

（5）多数软件具有记账前提示备份或强制备份功能。

（6）记账功能随时可运行，每月执行记账的次数是任意的。

二、记账步骤

登记账簿过程处于全自动状态，一般不需要人工操作，由计算机自动完成。

（1）更新记账凭证文件。取"临时凭证文件"中已审核的记账凭证，将其追加到当期相应的"记账凭证文件"中。

（2）更新科目汇总表文件。对记账凭证按科目汇总，更新"科目汇总表文件"中相应科目的发生额，并计算余额。

（3）更新相关辅助账数据库文件。

"用友 ERP-U8"中，记账的具体操作步骤如下：

（1）在"总账"系统中，执行"凭证→记账"指令，弹出"记账"对话框，如图5-20所示。

（2）单击"全选"按钮后再单击"记账"按钮，即可完成记账工作，如图5-21所示。

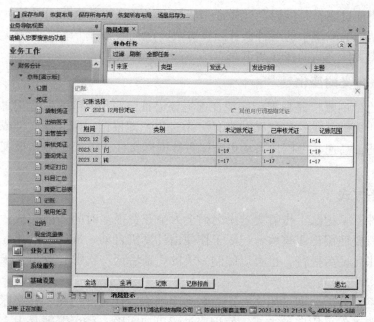

图5-20 "记账"对话框

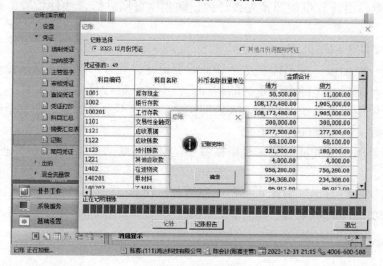

图5-21 记账完毕

三、取消记账

记账前，系统将自动进行硬盘备份，保存记账前的数据。由于特殊原因，如记账过程中出现断电使登账发生中断等，导致记账错误，或者记账后发现输入的记账凭证有错误，需进行修改。为了解决这类问题，可调用"恢复记账前状态"功能，将数据恢复到记账前状态，修改完后再重新记账。记账过程一旦断电或因其他原因造成中断，系统将自动调用"恢复记账前状态"功能恢复数据，然后再重新记账。系统提供两种恢复记账前状态的方式：一种是将系统恢复到最后一次记账前状态；另一种是将系统恢复到本月月初状态。

已结账月份的数据不能取消记账，未结账月份的数据可以取消记账。取消记账的具体操作步骤如下：

（1）在"总账"系统中，执行"期末→对账"指令，打开"对账"界面，选定要被取消记账的月份，按"Ctrl+H"组合键，激活恢复记账前状态功能，单击"确定"按钮后单击"退出"按钮，如图5-22所示。

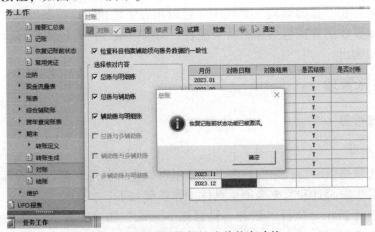

图5-22 激活恢复记账前状态功能

（2）执行"凭证→恢复记账前状态"指令，弹出"恢复记账前状态"界面，选择"最近一次记账前状态"单选按钮，单击"确定"按钮，即可完成恢复记账前状态，如图5-23所示。

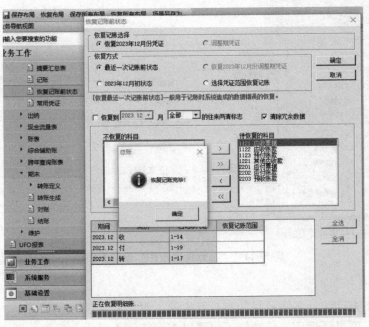

图5-23 恢复记账前状态

第三节 账簿管理

企业发生的经济业务，经过制单、审核、记账等程序之后，就形成正式的会计账簿。对发生的经济业务进行查询、统计分析等操作时，都可以通过账簿管理来完成。查询账簿是会计工作的另一个重要内容。除了现金、银行存款查询输出外，账簿管理还包括基本会计核算账簿的查询输出，以及各种辅助核算账簿的查询输出。

不论是查询还是打印，都必须指定查询或打印的条件，系统才能将数据显示在屏幕上或输出到打印机。在"账簿管理"系统中，可以很方便地指定这些条件。

基本会计核算账簿管理包括总账及余额表、明细账及序时账、多栏账、日记账和日报表的查询及打印输出。

一、科目账管理

(一) 查询账簿

1. 三栏式总账

三栏式总账就是借、贷、余三栏账。在这里可以查询各总账科目及所有明细科目的年初余额、每月发生额合计和月末余额，具体操作步骤如下：

在"总账"系统中，执行"账表→科目账→总账"指令，弹出"总账查询条件"设置界面，如图5-24所示；输入相应的条件后，单击"确定"按钮，即可查到相应的总账。单击工具栏中的"明细"按钮，可以联查当前总账的明细账。

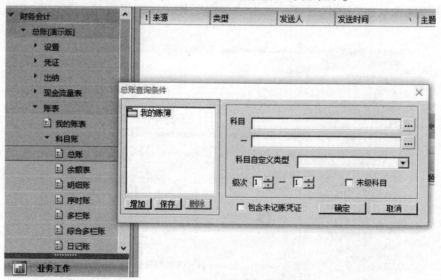

图5-24 "总账查询条件"设置界面

2. 余额表

余额表用于查询统计各级科目的本月发生额、累计发生额和余额等。本功能提供了很强的统计功能，可灵活运用。该功能不仅可以查询统计人民币金额账，还可以查询统计外币金额账，具体操作步骤如下：

在"总账"系统中，执行"账表→科目账→余额表"指令，调出"余额表查询条件"设置界面，输入相应的条件后，单击"确定"按钮，即可查到相应的发生额及余额表，如图 5-25 所示。单击工具栏中的"累计"按钮，可自动显示借、贷方累计发生额；单击"专项"按钮，可以查看当前被选中科目的明细账或余额表。

3. 多栏式明细账

在总账系统中，普通多栏账由系统将要分析科目的下级科目自动生成多栏账，企业可根据需要自定义多栏账的栏目内容。具体操作步骤如下：

（1）在"总账"系统中，执行"账表→科目账→多栏账"指令，调出"多栏账"查询界面，单击"增加"按钮，进入"多栏账定义"界面，选择要定义的多栏账核算科目，单击"自动编制"按钮进行栏目定义，如图 5-26 所示。

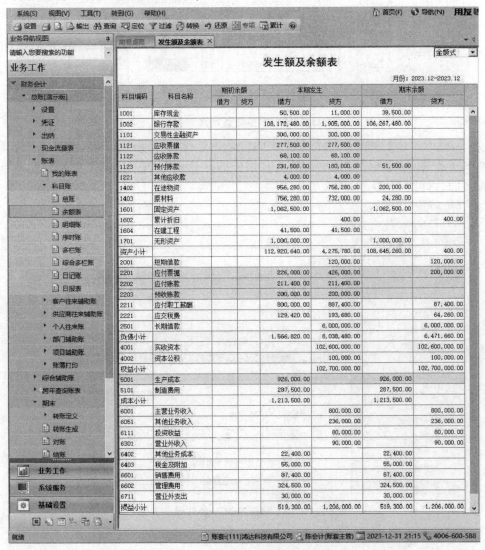

图 5-25　"发生额及余额表"界面

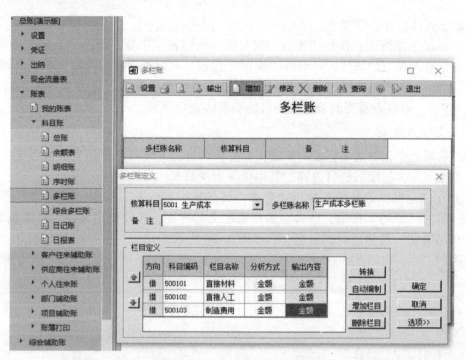

图 5-26 "多栏账定义"界面

（2）单击"多栏账定义"对话框中的"确定"按钮，即可完成相应的多栏账的定义并返回"多栏账"查询界面，单击其工具栏中的"查询"按钮，调出"多栏账查询"条件设置界面，如图 5-27 所示。

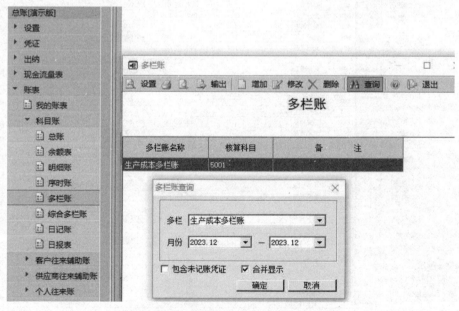

图 5-27 "多栏账查询"条件设置界面

（3）在"多栏账查询"界面中，单击"确定"按钮，即可查到相应的多栏账，如图 5-28 所示。

图 5-28　"多栏账"界面

明细账和序时账查询方法和步骤与上类似。

（二）账簿打印与管理

打印账簿是账务处理的最后程序，账簿包括总账、明细账、日记账等。账簿打印用于打印正式的会计账簿，打印输出的会计账簿的格式和内容应当符合国家统一会计制度的规定。

"账簿打印"：打印的是正式使用的账簿；可选择套打方式，套打时应使用用友公司指定的打印用纸。系统一般默认账簿格式为金额式，根据需要可选择其他格式。

采用磁带、磁盘、光盘、微缩橡胶等介质存储会计数据时，记账凭证、总分类账、现金日记账和银行存款日记账仍需要打印输出；此外，还要按税务部门、审计部门的要求即时打印输出有关账簿和报表。

二、部门辅助账管理

随着企业规模的扩大、生产经营活动的复杂化，企业所包含的业务活动种类越来越多，所涉及的专业领域越来越广，各种业务的工作量也越来越大。为了提高企业的管理力度和经营效率，很多单位实施了加强财务管理、细化会计核算的政策，对全部工作进行深入细致的分析，要求在此基础上进行明确的分类核算和管理。在传统的方法下，企业会开设明细账进行核算，这样增加了明细科目的级次，造成科目体系庞大，同时会给会计核算和管理资料的提供带来极大的困难。计算机账务处理子系统则借助计算机处理数据的特点，设置了辅助核算模块。通过该功能模块，不仅能方便地实现会计核算功能，而且能为管理提供快速便捷的辅助手段。

（一）部门辅助账核算与管理的基本功能

在会计核算过程中，经常会遇到分部门的核算与管理问题。为了有效地进行费用的控制，不仅要核算费用在某会计期的发生总额，而且要进一步核算各项费用在各个部门的发生情况；为了考核各部门的经营业绩，有时要求核算总收入的同时，核算各部门的分项收入。实际工作中，这些核算的工作量非常大，给手工核算带来极大的不便，实现电算化后则通过对部门功能的设立，不仅为费用、收入的分项核算提供了方便，而且进一步为收入和费用的分部门管理提供了快速方便的查询手段。

输入凭证时，若输入科目性质为"部门管理"的科目，系统将自动提示输入相应的部门或显示部门代码对照表供财务人员选择部门。在记账时，系统将自动形成部门核算与管理所需的各种数据。在系统中，用户可以查询部门总账、部门明细账，自动输出部门收支明细表和部门计划执行报告。

（二）部门辅助总账、明细账的设置与查询

在总账系统中，如果在定义会计科目时，把某科目账类标注为部门辅助核算，则系统对这些科目除了进行部门核算外，还提供横向和纵向的查询统计功能，为企业管理者输出各种会计信息，真正体现"管理"的功能。

部门辅助账的管理主要涉及部门辅助总账、明细账的查询，正式账簿的打印及如何得到部门的收支分析表。

1. 部门总账

部门总账查询主要用于查询部门业务发生的汇总情况。系统提供了三种部门总账查询方式：指定科目查询总账；指定部门查询总账；同时指定科目和部门查询总账。

2. 部门明细账

部门明细账查询用于查询部门业务发生的明细情况。系统提供了对部门明细账进行自动对账的功能，通过该功能，系统将检查、核对部门核算明细账与部门核算总账是否相符、部门核算总账与总账是否相符，并输出核对结果。

部门总账和部门明细账的具体查询操作步骤与科目账的查询步骤类似。

（三）部门辅助核算管理

部门核算不仅为财会部门深入核算企业内部各部门的收入情况及各项费用的开支情况提供了方便，而且通过部门核算产生的核算数据，为企业及部门业务的管理和各项费用的控制与管理提供了基础信息数据。在总账系统中，部门管理主要有部门收支分析和部门计划执行报告。

1. 部门收支分析

为了加强对各部门收支情况的管理，企业对所有部门核算科目的发生额及其余额按部门进行统计分析。统计分析数据可以是发生额、余额或同时有发生额和余额。

2. 部门计划执行报告

部门计划执行报告是各部门的实际执行情况与计划数的对比报表。通过部门计划执行报告，管理者可了解各部门完成计划的情况。

部门计划执行报告主要有两种数据方式：一是各部门在某部门核算科目下的实际发生额与计划发生额进行对比；二是各部门在某部门核算科目下的实际余额与计划余额进行比较。使用者可自由选择。

选择分析的科目辅助核算必须设置"部门核算"。分析月份系统默认为当前月份，但可以调整分析的起止月份，改变分析范围。

三、项目辅助账管理

（一）项目辅助账核算与管理的基本功能

项目即专门的经营对象。实际上，它可以是一项工程、一种产品、一个科研项目等。在实际会计核算中，经常要求将围绕这些项目所发生的所有收支，按费用或收入类别设立专门的明细账，以便更好地完成对每个项目投入产出及费用情况的核算。按这种核算要求，在手工方式下会按项目设立二级或三级科目，再在其下级设立收支或费用明细科目。

很明显，这样做有两个缺点：一是科目结构复杂，体系庞大；二是难以进行横向的统计分析。在计算机账务处理系统中，提供的项目辅助核算模块可以实现该核算方式。

以产成品核算为例，项目辅助账核算操作步骤如下：

（1）进行会计科目设置。把要进行项目辅助账核算的科目（如费用、成本、收入等）的性质定义为"项目核算"。如：

5001 生产成本 项目核算；

　　500101 直接材料 项目核算；

　　500102 直接人工 项目核算；

　　500103 制造费用 项目核算；

6001 主营业务收入 项目核算；

6401 主营业务成本 项目核算。

（2）将具体项目从科目体系中剥离出来。在项目辅助账核算模块中定义有关项目代码、名称等资料。如：

01 产成品；

　　101 A 产品；

　　102 B 产品。

（3）在日常业务处理中，录入凭证时，当输入科目的性质为"项目核算"时，系统将要求财会人员录入或选择项目代码。

通过上述设置，在记账后，即可在项目辅助账核算模块中查询各种项目核算与管理所需的账表，即项目总账、某科目的项目明细账和某项目的项目明细账，以及项目统计表和项目执行计划报告。通过该功能模块，不仅方便地实现对成本、费用和收入按项目核算，而且为这些成本、费用及收入情况的管理提供了快速方便的辅助手段。

（二）项目辅助总账、明细账的设置与查询

1. 项目总账

项目总账用于查询各项目所发生业务的汇总情况。在系统中，"科目"和"项目"必须输入，"部门"可输入也可不输入，"月份范围"默认为年初至当前月。具体操作步骤如下：

在"总账"系统中，执行"账表→项目辅助账→项目总账→项目科目总账"指令，弹出"项目科目总账查询条件"对话框，设置条件后单击"确定"按钮，即可查到相应的账簿。

2. 项目明细账

项目明细账用于查询项目业务发生的明细情况。具体操作步骤如下：

在"总账"系统中，执行"账表→项目辅助账→项目明细账→项目科目明细账"指令，打开"项目明细账查询条件"对话框，设置条件后单击"确定"按钮，即可查到相应的项目明细账簿，如图5-29所示。

图5-29　"项目明细账"选项卡

其他项目总账和明细账的查询方法与上类似。

（三）项目辅助核算管理

项目辅助核算为财会部门准确核算各项目的收入情况及各项成本费用的开支情况提供了方便。在总账系统中，项目辅助核算管理主要是项目统计分析。

项目统计用于统计所有项目的发生额和余额。具体操作步骤如下：

在"总账"系统中，执行"账表→项目辅助账→项目统计分析"指令，进入"项目统计条件"对话框，如图5-30所示；条件设置完后单击"完成"按钮，即可查到相应的项目统计表，如图5-31所示。

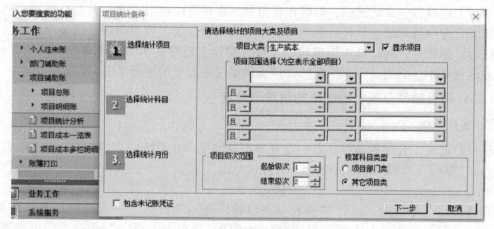

图5-30　"项目统计条件"对话框

图 5-31　项目统计表

项目成本一览表和项目成本多栏明细账的查询步骤同上。

四、往来账款核算与管理

(一) 往来账款核算与管理概述

往来业务是指单位在业务处理过程中所发生的涉及应收、应付、预收、预付等会计事项的业务。往来核算与管理是对往来业务进行专门的反映与控制的一种辅助核算方法。

往来业务可分为与外部单位的往来业务和与内部个人的往来业务，与外部单位的往来业务又可分为客户往来业务和供应商往来业务。

1. 往来账款核算与管理的含义

往来账款核算是指对因赊销、赊购商品或提供、接受劳务而发生的将要在一定时期内收回或支付款项的核算。电算化会计体系中的"往来"概念与手工核算系统中的"往来"概念是不同的。在手工核算中，往来是指资金的往来业务，往来科目包括应收账款、应收票据、预付账款、其他应收款、应付账款、应付票据、预收账款、其他应付款等会计科目。会计电算化系统中，在具体管理上，并不一定对以上所有科目进行管理，而是根据需要对其中的某些科目进行管理，具体哪些科目要进行往来管理，应视企业会计核算与财务管理的具体要求而定。因此在会计电算化系统中，往来的概念并不是指所有往来科目，而是指对往来科目进行管理。

往来账款核算包括个人（职工）往来核算、单位（客户和供应商）往来核算。个人往来是指企业与单位内部职工发生的往来业务；单位往来是指企业与外单位发生的各种债权债务业务。二者处理技术基本相同。

2. 往来科目的管理方式

账务处理系统提供以下两种往来业务核算与管理的方法。

（1）视同明细科目核算方式。当往来单位较少且相对稳定，应收账款或应付账款发生的频率较低，且往来对账的业务量不大时，可采用与手工记账方式相类似的处理方法，即按往来单位设置明细科目（按往来单位建立明细账），使往来核算体现在基本业务核算中。

（2）往来辅助核算方式。当单位往来业务频繁，清理欠款工作量较大时，可启用账务处理系统提供的单位往来辅助核算功能来管理往来款项。采用单位往来辅助核算后，往来单位不再以会计科目的形式出现，而是以往来单位目录的形式存在。

往来数据包括往来期初数据和日常往来业务数据。

3. 往来账款核算的处理流程

应收、应付账款系统根据对往来单位款项核算和管理的不同程度，提供了两种不同的方案，即在总账系统核算往来单位款项，或在应收与应付账款系统核算往来款项。

（1）在总账系统中使用应收、应付功能，进行应收、应付账款的核算和管理。在总账系统进行往来账款核算时，其操作过程一般为：建立客户（或供应商）档案、录入期初余额、凭证输入与审核、记账、核对、往来账表查询与打印、统计分析与销账等。在输入凭证时，同时输入应收、应付业务数据，并使用总账系统中提供的应收、应付管理功能，输出往来账并进行核销、账龄分析、打印催款单等。

（2）单独使用应收、应付账款系统进行应收、应付账款的核算和管理。首先使用应收、应付账款系统输入发票和往来业务单据，自动填制记账凭证，然后将记账凭证传递到总账系统中。其中，应付业务数据可直接输入，也可由采购系统传入；应收业务数据可以直接输入，也可由销售系统传入。在电算化方式下，应付款数据流程与应收款数据流程大致相同。

（二）往来账款的核对、核销与对账

1. 往来账款的核对

对已达往来账应该及时完成往来账款的核对工作。核对是指将已达账项打上已结清的标记，系统提供自动核对和手工核对两种方式。

（1）自动核对：是指计算机自动将所有已结清的往来业务打上标记。

（2）手工核对：如果某些款项不能自动判断，可以通过手工辅助核对，即按指定键对已达账项打上标记。

核对应分科目、分往来客户（或供应商）进行。首先选择往来科目，然后选择往来客户（或供应商），最后再选择核对方式进行核对。

总账系统为企业提供清理所有具有往来性质账户的功能，只有具有往来两清权限的用户，才能使用往来清理功能。一般在记账完成后或期末查询、打印往来账前进行往来账两清处理工作。往来账的自动勾对要求填制凭证时输入的辅助信息规范，特别是对于有业务号的账项，在填制凭证时必须规范输入。这样，不论是"一借一贷""一借多贷""多借一贷"，系统都能自动识别并进行勾对；否则只能手工勾对。

2. 往来账款的核销

核销是指对债权、债务已结清的业务作删除处理，表示本笔业务已经结清。其目的是将未结清款项反映出来，以此反映企业各种应收款的形成、收回及其增减、变动情况。

核销可以由计算机自动执行，也可以利用销账功能使用有关功能键进行手动核销。由于计算机处理方式采用建立往来辅助账进行往来业务管理，为了避免辅助账过于庞大影响运行速度，可对于已核销的业务进行删除。删除工作不必经常进行，通常年底结账后一次删除即可。

核销功能在使用时必须注意，核销前应经专门的负责人员核实待核销的往来账项，且须指定专人负责往来账的核销操作工作。

3. 往来账款的对账

在电算化方式下，一般进行往来账自动对账。通过对账，系统会自动检查核对往来明细账与往来总账是否相符、科目总账与往来总账是否相符，并将核对检查结果显示输出。

（三）往来账表的查询

往来账表查询模块可实现对往来余额表、明细账和客户等进行查询，并生成各种信息统计表。查询可单独进行也可进行条件组合查询。

1. 往来余额表

往来余额表包括客户科目余额表、客户余额表、客户三栏式余额表、客户业务员余额表、客户分类余额表、客户部门余额表、客户项目余额表及客户地区分类余额表等。

2. 往来明细账

往来明细账包括客户科目明细账、客户明细账、客户三栏式明细账、客户多栏明细账、客户分类明细账、客户业务员明细账、客户部门明细账、客户项目明细账及客户地区分类明细账等。

思考题

1. 在总账系统中，如何填制和审核会计凭证？
2. 在总账系统中，如何查询各种凭证和账表？
3. 简述辅助核算管理的内容和方法。

第六章　期末处理

学习目的及要求

1. 理解银行对账的意义；掌握手工方式和计算机方式下银行对账流程；掌握会计电算化系统中银行对账单的录入以及银行存款余额调节表的输出。

2. 了解月末转账的特点；掌握自动转账的数据处理流程和工作流程；掌握自动转账取数公式的定义方法、生成自动转账凭证的方法以及试算平衡与月末结账的方法。

课程思政

坚持准则，要求会计人员在处理业务过程中，严格按照会计法律制度办事，不为主观或他人意志左右，即遵守会计法律、会计制度以及与会计工作相关的规章条例。会计人员应当熟悉和掌握准则的具体内容，并在会计核算中认真执行，对经济业务事项进行确认、计量、记录、报告的全过程，应符合国家统一标准的会计制度，为国家、企业债权人、投资人和其他相关当事人提供真实、完整的会计信息。因此，要引导学生处理期末业务时，坚持权责发生制原则，勤勉尽责，将期末相关业务处理完毕。

期末会计事项处理是指会计人员在每个会计期末都需要完成的一些特定的会计工作，例如银行对账、自动转账、对账、结账及年末处理。与日常业务相比，期末事项的数量不多，但业务种类繁杂且时间紧迫。在手工会计工作中，每到会计期末，会计人员的工作非常繁忙。而在计算机环境下，各会计期间的许多期末业务具有较强的规律性，且方法很少改变，如费用的计提、分摊，成本的结转，销售成本的结转和期间损益的结转等，由计算机来处理这些有规律的业务，不但可以减少会计人员的工作量，也可以提高财务核算的规范性和精准性。

第一节　银行对账

一、银行对账的意义

（一）银行对账的意义

为了准确掌握银行存款的实际余额，了解实际可以动用的货币资金数额，防止记账发生差错，企业应按期根据银行提供的对账单核对账目，并编制银行存款余额调节表。银行对账是企业出纳人员的基本工作之一。一般来说，企业的结算业务大部分要通过银行进行结算，但企业银行账和银行对账单之间可能由于银行与企业间单据传递的时间差造成未达账项，即一方已入账，另一方未收到票据未入账。系统中的银行对账可快速核对企业银行存款日记账记录与开户银行提供的银行对账单记录，找出所有的未达账项，并通过编制银行存款余额调节表使调节后的银行存款日记账余额与调节后的银行对账单余额相符，保证银行存款的安全、完整、一致。

（二）银行对账流程

计算机方式下银行对账的流程如图 6-1 所示。

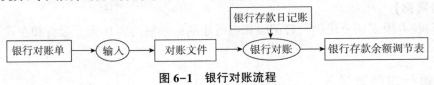

图 6-1　银行对账流程

二、期初未达账项录入

为保证银行对账工作的顺利进行，使用银行对账功能进行对账之前，必须在对账月初先将未达账项输入到系统中。

具体的操作步骤如下：

（1）在"总账"系统中，执行"出纳→银行对账→银行对账期初录入"指令，进入"银行科目选择"界面，如图 6-2 所示。

（2）在"科目"下拉列表框中选择相应的银行科目，单击"确定"按钮，即进入"银行对账期初"余额录入界面，如图 6-3 所示。

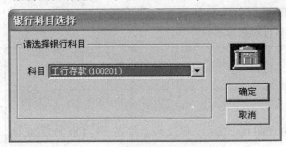

图 6-2　"银行科目选择"界面

图 6-3　"银行对账期初"余额录入界面

（3）在"银行对账期初"余额录入界面中，根据需求选择"启用日期"，并填制"调整前余额"（也可以运用系统默认的内容）。选择完毕之后，单击"对账单期初未达项"按钮，即进入"银行方期初"未达账项界面，如图6-4所示。单击工具栏上的"增加"按钮，可逐条录入银行方期初未达账项，即可录入启用日期前尚未进行两清勾对的银行对账单，然后退出。

（4）同理，在"银行对账期初"对话框中单击"日记账期初未达项"按钮，可录入期初未进行两清勾对的单位日记账。

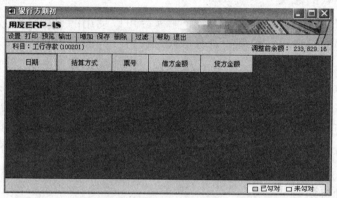

图6-4 "银行方期初"未达账项录入界面

【实务案例】

鸿达科技有限责任公司银行日记账和银行账期初余额均为0元，银行和企业均无未达账项。

三、银行对账单录入

要实现计算机自动对账，在每月月末未对账前，须将银行开出的银行对账单输入计算机。

银行对账单是银行定期发送给单位存款用户用于核对银行存款账项的账单，它是月末各单位进行银行对账的主要依据。

（一）手工录入银行对账单

手工录入银行对账单，指在指定账户（银行科目）后，手工逐条录入本账户下的银行对账单，以便与单位银行存款日记账进行对账。如企业在多家银行开户，对账单应与其对应账号所对应的银行存款下的末级科目一致。

【实务案例】

鸿达科技有限责任公司2023年12月工商银行对账单如表6-1所示。

表6-1 银行对账单

月	日	摘要	结算号	借方	贷方	方向	余额
12	01	收到A公司投入资金9 000万元和B公司投入资金1 000万元，存入公司的开户银行	其他	100 000 000.00	0.00	借	100 000 000.00

续表

月	日	摘要	结算号	借方	贷方	方向	余额
12	01	收到 B 公司和 C 公司的缴款 28 万元和 42 万元	其他	700 000.00	0.00	借	100 700 000.00
12	01	向银行借入一笔生产经营用短期借款，共计 120 000 元，期限为 9 个月，年利率为 8%	其他	120 000.00	0.00	借	100 820 000.00
12	01	从银行取得期限为 3 年的人民币借款 6 000 000 元，存入银行。借款的年利率为 8%，合同规定到期一次还本付息，单利计息	其他	6 000 000.00	0.00	借	106 820 000.00
12	01	提取备用金 50 000 元	现金支票-XJZP001	0.00	50 000.00	借	106 770 000.00
12	02	购入一台不需要安装的设备，该设备的买价 20 000 元，增值税 2 600 元，包装运杂费等 1 000 元，全部款项使用银行存款支付	转账支票-ZZZP001	0.00	23 600.00	借	106 746 400.00
12	02	购入一台需要安装的设备，该设备的买价 40 000 元，增值税 5 200 元，包装运杂费等 1 000 元，全部款项使用银行存款支付	转账支票-ZZZP002	0.00	46 200.00	借	106 700 200.00
12	02	设备发生安装费用为 500 元，以银行存款支付	现金支票-XJZP002	0.00	500.00	借	106 699 700.00
12	02	从 D 工厂购入下列材料：甲材料 5 000 千克，单价 20 元/千克；乙材料 2 000 千克，单价 15 元/千克，增值税税率 13%，全部款项用银行存款支付	转账支票-ZZZP003	0.00	146 900.00	借	106 552 800.00
12	02	用银行存款 14 000 元支付购入甲、乙材料的外地运杂费	转账支票-ZZZP004	0.00	14 000.00	借	106 538 800.00

续表

月	日	摘要	结算号	借方	贷方	方向	余额
12	03	以银行存款支付 D 工厂部分货款 11 400 元	转账支票-ZZZP005	0.00	11 400.00	借	106 527 400.00
12	03	按照合同规定用银行存款预付给 E 工厂订丁材料的货款 180 000 元	其他	0.00	180 000.00	借	106 347 400.00
12	05	支付 E 工厂丁材料部分货款	转账支票-ZZZP006	0.00	294 600.00	借	106 052 800.00
12	25	收到国贸商城偿付部分货款 18 100 元	其他	18 100.00	0.00	借	106 070 900.00
12	25	按照合同约定预收 G 工厂订购 B 产品的货款 200 000 元，存入银行	转账支票-ZZZP010	200 000.00	0.00	借	106 270 900.00
12	25	向 G 工厂发出 B 产品 70 台，发票注明价款 280 000 元，增值税销项税额 36 400 元。预收款不足，其差额部分当即收到并存入银行	转账支票-ZZZP011	116 400.00	0.00	借	106 387 300.00
12	25	销售给 G 工厂的 B 产品由于质量问题被退回 10 台，支付退货款	转账支票-ZZZP012	-45 200.00	0.00	借	106 342 100.00
12	25	以银行存款支付本月职工薪酬	其他	0.00	800 000.00	借	105 542 100.00
12	25	用银行存款支付应由本月负担的车间设备修理费 3 000 元	转账支票-ZZZP007	0.00	3 000.00	借	105 539 100.00
12	25	销售给国贸商城 50 台 A 产品，国贸商城验货后将价款、税款和运费全部转入本公司银行	其他	340 500.00	0.00	借	105 879 600.00
12	25	赊销给国贸商城 10 台 A 产品，用工行存款为该商城垫付运费 300 元	转账支票-ZZZP008	0.00	300.00	借	105 879 300.00

续表

月	日	摘要	结算号	借方	贷方	方向	余额
12	25	赊销给国贸商城 50 台 B 产品，用工行存款为该商城垫付运费 1 500 元	转账支票 –ZZZP009	0.00	1 500.00	借	105 877 800.00
12	26	购入一股票作为交易性金融资产管理，买价为 300 000 元	其他	0.00	300 000.00	借	105 577 800.00
12	30	销售 1 000 千克多余甲材料，价款 30 000 元，增值税 3 900 元，款项收到存入银行	转账支票 –ZZZP013	33 900.00	0.00	借	105 611 700.00
12	30	收到出租设备本月租金 6 780 元存入银行	转账支票 –ZZZP015	6 780.00	0.00	借	105 618 480.00
12	30	将以前购入的某一为了交易目的而持有的股票出售，卖价为 380 000 元，所得款项存入银行	其他	380 000.00	0.00	借	105 998 480.00
12	30	收到政府返还的税款 90 000 元，存入银行	库存现金	90 000.00	0.00	借	106 088 480.00
12	30	用银行存款支付本月的印花税 3 000 元	转账支票 –ZZZP016	0.00	3 000.00	借	106 085 480.00
12	31	用银行存款 30 000 元支付一项公益性捐赠	转账支票 –ZZZP017	0.00	30 000.00	借	106 055 480.00
12	31	工行代付本月水电费		0.00	3 100.00	借	106 052 380.00
12	31	工行结算本月存款利息收入		8 826.67	0.00	借	106 061 206.67
12		累计		107 969 306.67	1 908 100.00	借	106 061 206.67

【操作步骤】

（1）在"总账"系统中，执行"出纳→银行对账→银行对账单"指令，进入"银行科目选择"界面。

（2）选择相应的科目"工行存款"，指定月份"12"，然后单击"确定"按钮。

（3）进入"银行对账单"录入界面，单击工具栏上的"增加"按钮，即可出现一个空白行，如图 6-5 所示，逐条录入银行对账单信息后保存。

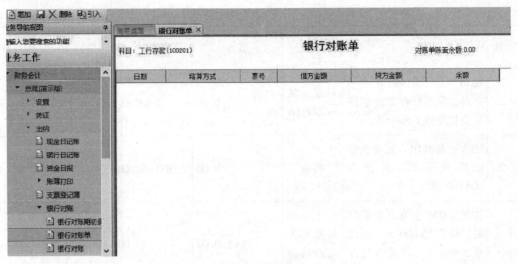

图6-5 "银行对账单"界面

（二）引入银行对账单

银行对账单除手工录入外，还可直接引入从银行账务系统导出的对账单。引入银行对账单的具体操作如下：

（1）在"银行对账单"录入界面中，单击工具栏上的"引入"按钮，进入"银行对账单引入接口管理"界面，如图6-6所示。

（2）单击"新建模板"按钮，弹出"选择文件中包含的字段"界面，如图6-7所示。

图6-6 "银行对账单引入接口管理"界面

图6-7 "选择文件中包含的字段"界面

（3）单击"确定"按钮进入"模板制作向导"界面，根据向导的提示输入相应内容。

四、对账处理

在将未达账项及银行对账单输入后，可进行对账处理，即将系统中的银行日记账与输入的银行对账单进行核对，以检查两者是否相符。银行对账有自动对账和手动对账两种形式。

（一）自动对账

自动对账是计算机根据对账依据将银行日记账与银行对账单进行自动核对、勾销，对于已核对上的银行业务，系统自动在银行存款日记账和银行对账单双方写上两清标志，并视为已达账项；对于在两清栏未写上两清符号的记录，系统则视其为未达账项。对账依据通常是"结算方式+结算号+方向+金额"或"方向+金额"。自动对账的具体操作如下：

（1）在"总账"系统中，执行"出纳→银行对账→银行对账"指令，进入"银行科目选择"界面。

（2）选择需对账的科目，进入"银行对账"界面。

（3）单击工具栏上的"对账"按钮进入"自动对账"界面，如图6-8所示。

（4）输入截止日期并选择对账的相应条件和相差天数（必须是小于30的数字）后，单击"确定"按钮，即可显示自动对账的结果。

图6-8 "自动对账"界面

（二）手工对账

手工对账是对自动对账的补充，由于系统中的银行未达账项是通过凭证处理自动形成的，在此期间有人工输入过程，可能存在输入不规范的情况；使用自动对账以后，有可能还有一些特殊的已达账没有对出来，而被视为未达账项。所以为了保证对账的彻底和正确，可用手工对账来进行调整勾销。

以下四种情况中，只有第一种情况能自动核销已对账的记录，后三种情况均需通过手工对账来强制核销。

（1）对账单文件中一条记录和银行日记账未达账项文件中一条记录完全相同。

（2）对账单文件中一条记录和银行日记账未达账项文件中多条记录完全相同。

（3）对账单文件中多条记录和银行日记账未达账项文件中一条记录完全相同。

（4）对账单文件中多条记录和银行日记账未达账项文件中多条记录完全相同。

通常执行手工对账功能时，系统首先要求使用者选好银行科目，接着屏幕被分成两部分，一部分是单位日记账业务数据，另一部分是银行对账单业务数据。使用者可通过目测分析，将单位日记账和银行对账单上的已达业务，按操作提示进行核销。在自动对账界面，对于一些应勾对而未勾对上的账项，可分别双击"两清"栏，直接进行手工调整。

对账完毕，单击"检查"按钮，进行对账平衡情况检查。

五、输出银行存款余额调节表

银行存款余额调节表是月末证实银行日记账与银行实有存款账实相符的主要账表，编制和输出银行存款余额调节表是月末银行对账工作的成果体现。在对银行账进行两清勾对后，计算机自动整理汇总未达账和已达账，生成"银行存款余额调节表"，以检查对账是否正确。银行存款余额调节表为截至对账截止日期的余额调节表，若无对账截止日期，则为最新的银行存款余额调节表。输出银行存款余额调节表的具体操作如下：

（1）在"总账"系统中，执行"出纳→银行对账→余额调节表查询"指令，进入"银行存款余额调整"界面。

（2）在"银行存款余额调整"界面中选择一个银行科目，单击工具栏上的"查看"按钮，或是双击所选的银行科目，即可显示该银行账户的银行存款余额调节表；单击工具栏上的"详细"按钮可查看更详细的银行存款余额表。

六、查询对账单或日记账勾对情况

对账单或日记账勾对情况查询，主要用于查询单位日记账和银行对账单的对账结果。它是对银行存款余额调节表的补充，可进一步了解对账单上勾对的明细情况（包括已达账项和未达账项），从而进一步查询对账结果。

如果银行存款余额调节表显示账面余额不平，可从以下几个方面查找原因：①查看"单位日记账期初未达项"及"银行对账单期初未达项"是否录入正确，如不正确则进行相应调整；②银行对账单录入是否正确，如不正确则进行相应调整；③银行对账中勾对是否正确，如不正确则进行相应调整；④检查当期会计业务是否记账完毕，如未记账完毕，需要记账完毕。

七、删除已达账

删除已达账，是指在单位日记账和银行对账单的对账结果检查无误后，可通过核销银行账来删除已达账。

由于单位日记账的已达账项数据和银行对账单数据是辅助数据，对账正确后，已达账项数据已无保留价值，因此，通过对银行存款余额调节表和对账明细情况的查询，确定对账正确后，可删除单位日记账已达账项和银行对账单已达账项。

第二节　总账系统内部自动转账

在会计业务中存在一些凭证，它们每月或每年有规律地重复出现，如每月计提短期借款利息、分摊无形资产、结转收入类和费用类账户余额，年底结转本年利润等。这类凭证的摘要、借贷方科目、金额的来源或计算方法基本不变。如果要编制此类凭证，每月都要做许多重复工作，而且所取金额必须待记账后才能查阅，稍有不慎，就会出现遗漏或错误。使用总账系统中的自动转账功能可以提高此类工作的效率。

一、期末转账的特点

转账分为外部转账和内部转账。外部转账是指将其他业务核算子系统生成的凭证转入总账系统中；内部转账主要是指在总账系统内部把某个或某几个会计科目中的余额或本期发生额结转到一个或多个会计科目中。本节阐述的是总账系统内部自动转账。一般期末转账具有以下特点：

（1）期末转账业务大多在各个会计期末进行。

（2）期末转账业务大多是会计部门自己填制的凭证，又不同于日常核算，不必附有反映该业务的原始凭证，它的摘要、借贷方科目固定不变，金额的来源或计算方法也基本不变。

（3）期末转账业务大多数要从账簿中提取数据。这就要求在处理期末转账业务前必须先将其他经济业务全部登记入账。

（4）有些期末转账业务必须依据另一些期末转账业务产生的数据。这就要求期末转账根据业务的特点分批按步骤进行处理。

二、自动转账处理流程

自动转账处理分为转账定义和转账生成两步。转账定义指将期末自动转账凭证的摘要、会计科目、借贷方向、金额的计算公式预先存入计算机中。转账生成指系统根据预先定义的金额来源、计算方法从账簿中取数，自动产生记账凭证，并完成相应的结转任务。

期末每笔自动转账业务每月一般只需进行一次，自动转账的数据处理流程如图 6-9 所示。

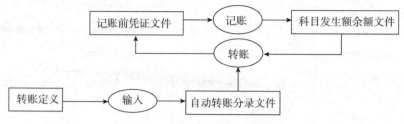

图 6-9　自动转账数据处理流程

在电算化方式下的自动转账主要包括自定义转账、对应结转、销售成本结转、汇兑损益结转和期间损益结转等。

三、自定义转账

由于各个企业情况不同，对各类成本费用分摊结转方式存在差异，其计算方法也不尽相同。在电算化方式下，企业可根据自身的实际情况和管理需要，自行定义自动转账凭证。自定义转账可以完成的转账业务有"费用分配"的结转，如工资分配等；"费用分摊"的结转，如制造费用、待摊费用、无形资产等；"税金计算"的结转，如增值税、城建税、教育费附加、所得税等；"提取各项费用"的结转，如提取公积金、福利费、借款利息等。

（一）自定义转账凭证

【实务案例】

鸿达科技有限责任公司期末自定义转账业务如下：

鸿达科技有限责任公司本月的"制造费用"明细账借方发生额共计 287 500 元，公司在月末将本月发生的制造费用按照生产工时比例分配计入 A、B 产品成本。其中 A 产品生产工时 6 000 小时，B 产品生产工时 4 000 小时。（通过月末自定义转账进行账务处理）

【操作步骤】

（1）在"总账"系统中，执行"期末→转账定义→自定义转账"指令，进入"自定义转账设置"界面，如图 6-10 所示。

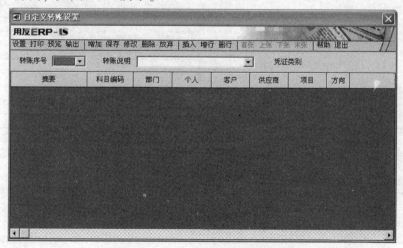

图 6-10　"自定义转账设置"界面

（2）单击"增加"按钮，弹出"转账目录"界面，如图6-11所示。

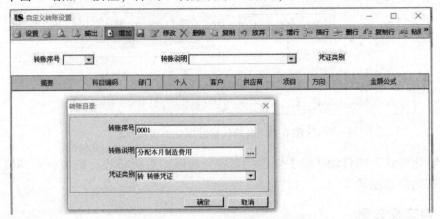

图6-11　"转账目录"界面

（3）设置转账序号为"0001"、转账说明为"分配本月制造费用"和凭证类别为"转账凭证"，单击"确定"按钮，即进入到新增加的"自定义转账设置"界面，如图6-12所示。

摘要	科目编码	部门	个人	客户	供应商	项目	方向	金额公式
分配本月制造费用	500103					A产品	借	FS(5101,月,借)/10000*6000
分配本月制造费用	500103					B产品	借	FS(5101,月,借)/10000*4000
分配本月制造费用	5101						贷	FS(5101,月,借)

图6-12　新增加的"自定义转账设置"界面

（4）在第一行的"科目编码"栏内输入"500103"，"项目"栏选择"A产品"，"方向"栏选择"借"，然后双击"金额公式"栏，单击"参照"按钮，进入"公式向导"界面，如图6-13所示。在"公式名称"列表框中选择"借方发生额"，然后单击"下一步"按钮，进入下一个"公式向导"界面，如图6-14所示。

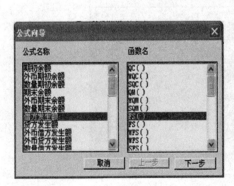

图6-13　"公式向导"界面

图6-14　"公式向导（公式说明）"界面

（5）在"公式向导（公式说明）"界面中设置科目为"5101"，选中"继续输入公式"复选按钮，运算符为"＊（乘）"，然后单击"下一步"按钮，返回"公式向导"界面，如图6-15所示。

（6）在"公式名称"列表框中选择"常数"，然后单击"下一步"按钮，弹出"公式向导（公式说明）"对话框，如图6-16所示。

（7）在"常数"文本框中输入"10 000"，选中"＊（乘）"单选按钮和"继续输入公式"复选按钮，如图6-17所示，然后单击"完成"按钮，返回"公式向导（公式说明）"对话框。在常数文本框中输入"6 000"，再单击"完成"按钮，所选公式已经在"自定义转账设置"界面中第一行显现出来，如图6-12所示。

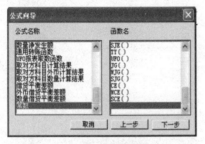

图6-15 返回"公式向导"界面

图6-16 公式常数设置

图6-17 返回"公式向导（公式说明）"界面

图6-12中制造费用分配设置的第二、三行定义方式与上相似。

转账定义完成后，每月月末只需执行转账生成功能即可快速生成转账凭证，在此生成的转账凭证将自动追加到未记账凭证中去，通过审核、记账后才能真正完成结转工作。

（二）生成自定义转账凭证

前文案例只自动结转了分摊制造费用，在期间损益结转完后，再通过此处的自定义转账生成计提所得税凭证。具体步骤如下：

（1）执行"期末→转账生成"指令，进入"转账生成"界面。

（2）单击"自定义转账"单选按钮，在"是否结转"栏目双击本次需要生成的自定义凭证，使其对应的栏目出现"Y"，如图6-18所示。

（3）单击"确定"按钮，自动生成凭证，如图6-19所示。单击"保存"按钮，该凭证上就会显示"已生成"字样，即已自动将当前凭证追加到未记账凭证中。

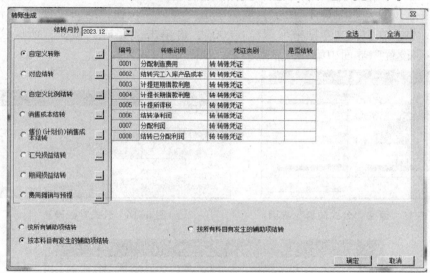

图6-18　"转账生成（自定义转账）"界面

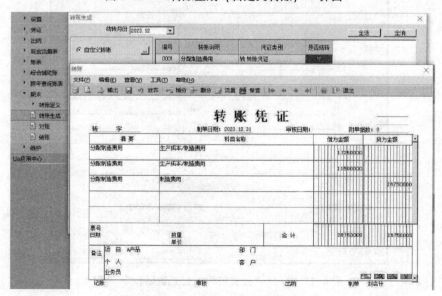

图6-19　自动生成制造费用分配凭证

【实务案例】

鸿达科技有限责任公司生产车间本月生产A、B两种产品各200台，现已全部完工验收入库。

通过月末自定义转账结转产品成本，操作步骤同前，完工入库成本结转定义结果如图

6-20 所示，结转凭证如图 6-21 和图 6-22 所示。

摘要	科目编码	部门	个人	客户	供应商	项目	方向	金额公式
结转完工入库产品成本	140501						借	FS(5001,月,借,101)
结转完工入库产品成本	140502						借	FS(5001,月,借,102)
结转完工入库产品成本	500101					A产品	贷	FS(500101,月,借,101)
结转完工入库产品成本	500101					B产品	贷	FS(500101,月,借,102)
结转完工入库产品成本	500102					A产品	贷	FS(500102,月,借,101)
结转完工入库产品成本	500102					B产品	贷	FS(500102,月,借,102)
结转完工入库产品成本	500103					A产品	贷	FS(500103,月,借,101)
结转完工入库产品成本	500103					B产品	贷	FS(500103,月,借,102)

图 6-20　自定义完工入库产品成本结转结果

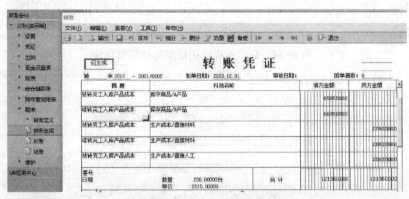

图 6-21　自动生成完工入库产品成本凭证（一）

图 6-22　自动生成完工入库产品成本凭证（二）

2023 年 12 月 31 日，通过自定义转账计提短期借款利息费用，年利率为 8%，其中一半的利息分月预提，按季支付，另一半的利息按月支付。

通过月末自定义转账计提短期借款利息处理，操作步骤同前。计提短期借款利息定义结果如图 6-23 所示，计提短期借款利息凭证如图 6-24 所示。

摘要	科目编码	部门	个人	客户	供应商	项目	方向	金额公式
计提短期借款利息	6603						借	QM(2001,月,贷)*0.08/12
计提短期借款利息	2231						贷	QM(2001,月,贷)/2*0.08/12
计提短期借款利息	100201						贷	QM(2001,月,贷)/2*0.08/12

图 6-23　自定义计提短期借款利息结果

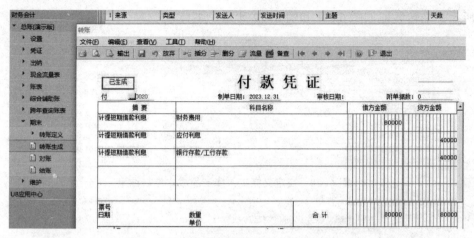

图 6-24　自动生成计提短期借款利息凭证

2023 年 12 月末计提长期借款利息，年利率为 8%，其 2/3 借款用于工程建设，1/3 借款用于生产经营周转，其利息按月预提，分季支付。

通过月末自定义转账计提长期借款利息处理，操作步骤同前。自定义计提长期借款利息结果如图 6-25 所示，计提长期借款利息凭证如图 6-26 所示。

摘要	科目编码	部门	个人	客户	项目	方向	金额公式	
计提长期借款利息	1604					借	QM(250101,月,贷)*0.08/12*2/3	
计提长期借款利息	6603					借	QM(250101,月,贷)*0.08/12*1/3	
计提长期借款利息	250102					贷	QM(250101,月,贷)*0.08/12	

转账序号 0004　　转账说明 计提长期借款利息　　凭证类别 转账凭证

图 6-25　自定义计提长期借款利息结果

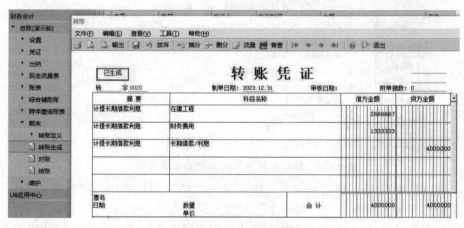

图 6-26　自动生成计提长期借款利息凭证

四、销售成本结转

销售成本结转设置主要用来辅助没有启用供应链管理系统的企业完成销售成本的计算和结转，销售成本结转有两种方法，即全月平均法和售价法。其中，售价法一般用在商业企业。

（一）设置销售成本结转

设置销售成本结转的操作为：在"总账"系统中，执行"期末→转账定义→销售成本结转"指令，进入"销售成本结转设置"界面，如图6-27所示。然后根据需要进行相关设置。

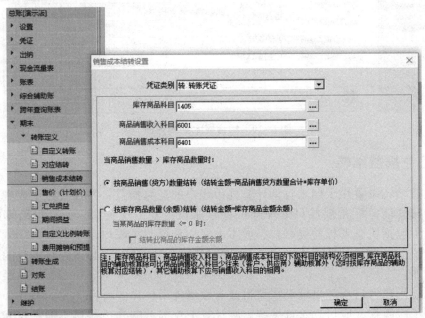

图6-27　"销售成本结转设置"界面

（二）生成销售成本结转凭证

【实务案例】

鸿达科技有限责任公司在月末结转本月已销售的A、B产品的销售成本。

【操作步骤】

（1）在"总账"系统中，执行"期末→转账生成"指令，进入"转账生成"界面；单击"销售成本结转"单选按钮，进入"销售成本结转一览表"界面，如图6-28所示。

成本科目编码	成本科目名称	计量单位	销售数量	销售金额	库存数量	库存
640101	A产品	台	60	360000	200	
640102	B产品	台	110	440000	200	

图6-28　"销售成本结转一览表"界面

（2）单击"确定"按钮，自动生成销售成本结转凭证，如图6-29所示。

（3）在生成的凭证中单击"保存"按钮，该凭证上就会显示"已生成"字样，即已自动将当前凭证追加到未记账凭证中。

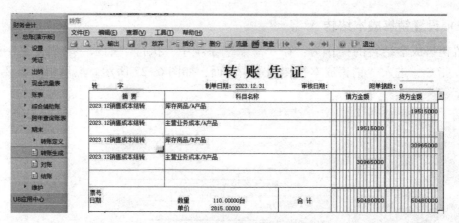

图 6-29 销售成本结转凭证

五、汇兑损益结转

汇兑损益结转设置用于期末自动计算外币账户的汇兑损益，并在转账生成中自动生成汇兑损益转账凭证。汇兑损益只处理外汇存款账户，外币现金账户，外币结算的各项债权、债务，不包括所有者权益类账户、成本类账户和损益类账户。

为了保证汇兑损益计算正确，填制某月的汇兑损益凭证时，必须先将本月的所有未记账凭证先记账。

汇兑损益入账科目不能是辅助账科目或有数量外币核算的科目。

若启用了应收款、应付款管理系统，则计算汇兑损益的外币科目不能是带客户或供应商往来核算的科目。

（一）设置汇兑损益

设置汇兑损益的操作为：在"总账"系统中，执行"期末→转账定义→汇兑损益"指令，进入"汇兑损益设置"界面，设置其凭证类别、汇兑损益入账科目等。

（二）生成汇兑损益凭证

生成汇兑损益凭证的操作为：

（1）在"总账"系统中，执行"期末→转账生成"指令，弹出"转账生成"界面。

（2）单击"汇兑损益结转"单选按钮，进入"汇兑损益结转一览表"界面。

（3）选择要结转的外币币种，单击"确定"按钮，自动生成汇兑损益结转凭证。

六、期间损益结转

期间损益结转用于在一个会计期间终止时，将损益类科目的余额结转到本年利润科目中，从而及时反映企业本期的盈亏情况。期间损益结转主要是对于管理费用、销售费用、财务费用、销售收入、营业外收支等科目的结转。

【实务案例】

鸿达科技有限责任公司在月末结转本月期间损益。

（一）设置期间损益结转

设置期间损益结转的操作为：在"总账"系统中，执行"期末→转账定义→期间损益"指令，进入"期间损益结转设置"界面，如图 6-30 所示，设置其凭证类别、本年利润入账科目等。

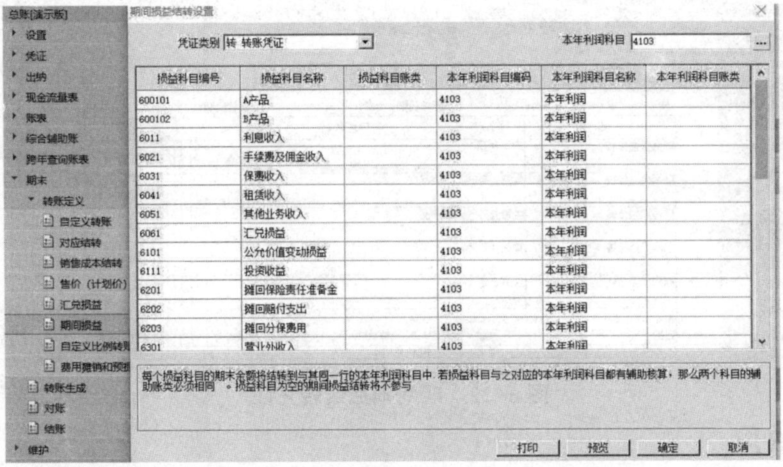

图 6-30 "期间损益结转设置"界面

损益科目结转中将列出所有的损益科目。如果希望某损益科目参与期间损益的结转，则应在该科目所在行的本年利润科目栏填写本年利润科目代码，若为空，则不结转此损益科目的余额。

（二）生成期间损益凭证

期间损益结转既可以按科目分别结转，也可以按损益类型结转，还可以按全部结转，结转方式应视实际情况而定。生成期间损益结转凭证之前，应先将所有未记账凭证审核记账，否则，生成的凭证数据可能有误。

生成期间损益凭证的操作为：

（1）在"总账"系统中，执行"期末→转账生成"指令，进入"转账生成"界面。

（2）单击"期间损益结转"单选按钮，进入"转账生成（期间损益结转）"界面，如图 6-31 所示。

图 6-31 "转账生成（期间损益结转）"界面

（3）选择要结转的月份、类型等，单击"确定"按钮，自动生成期间损益结转凭证，如图 6-32 所示。

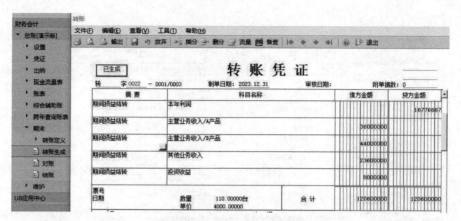

图6-32 期间损益结转凭证

【实务案例】

鸿达科技有限责任公司在月末计提本月所得税费用，本单位适用的所得税税率为25%。（本地区税务局要求按月清缴所得税费）

【操作步骤】

（1）在"总账"系统中，对期间损益凭证进行审核并记账。

（2）在"总账"系统中，执行"期末→转账生成"命令，弹出"转账生成"对话框。

（3）在"转账生成"界面中，双击"计提所得税"后的"是否结转"栏，其对应的栏目出现"Y"，如图6-33所示。

图6-33 "转账生成"选择界面

（4）单击"确定"按钮可生成凭证，如图6-34所示，单击"保存"按钮即保存生成的转账凭证。

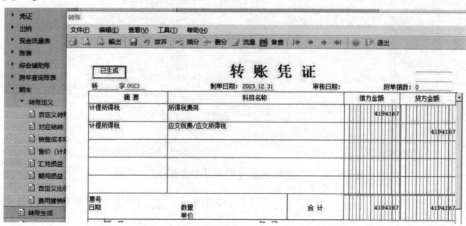

图6-34 自定义转账生成所得税凭证

七、对应结转

对两个科目进行一一对应结转，称为对应结转。对应结转不仅可进行两个科目一对一结转，还提供科目的一对多结转功能。对应结转的科目可为上级科目，但其下级科目的科目结构必须一致（相同明细科目）；如有辅助核算，则两个科目的辅助账类也必须一一对应。该功能只结转期末余额，若需结转发生额，则在自定义结转中设置。

如果使用应收款、应付款管理系统，则在总账管理系统中，不能按客户、供应商辅助项进行结转，只能按科目总数进行结转。

（一）设置对应结转

【实务案例】

鸿达科技有限责任公司在月末，通过对应结转，对已计提的所得税费用进行结转。

【操作步骤】

（1）在"总账"系统中，执行"期末→转账定义→对应结转"指令，进入"对应结转设置"界面，如图6-35所示。

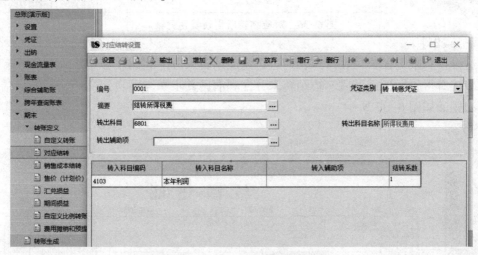

图6-35 "对应结转设置"界面

（2）根据需要设置对应结转的编号、凭证类别、摘要、转出科目编码、转出科目名称和转出辅助项。

（3）单击工具栏上的"增行"按钮，在空行中输入需要转入科目的编码、名称、辅助项和结转系数。

（4）单击工具栏上的"保存"按钮，即可保存该转账凭证的设置。

（二）生成对应结转凭证

生成对应结转凭证的操作为：在"转账生成"界面中，选择"对应结转"单选按钮，然后双击结转所得税行，此行就立即变色，单击"确定"按钮，生成自定义结转所得税凭证，如图6-36所示，单击"保存"按钮。

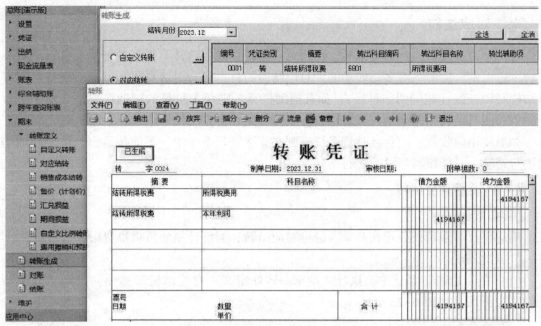

图6-36　对应结转所得税费用凭证

【实务案例】

鸿达科技有限责任公司在月末，通过自定义结转未分配利润。

在结转所得税凭证记账后，再结转未分配利润，其步骤与前自定义结转相同。结转未分配利润凭证如图6-37所示。

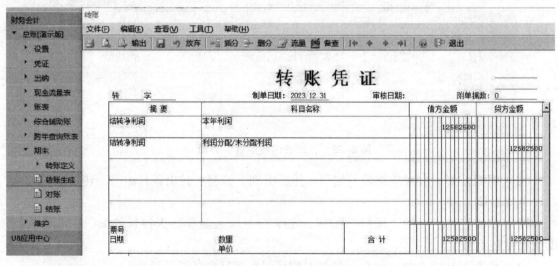

图6-37　结转未分配利润凭证

【实务案例】

鸿达科技有限责任公司，经股东大会批准，按照当月净利润的10%提取法定盈余公积，5%提取任意盈余公积，5%分配现金股利。

通过自定义设置分配利润，如图6-38所示。通过自定义分配利润生成的凭证如图6-39所示。（假设本公司要求按月进行利润分配）

图 6-38　分配利润设置界面

图 6-39　分配利润凭证

【实务案例】

鸿达科技有限责任公司月底结转已分配利润。

通过自定义结转已分配利润，如图 6-40 所示。通过自定义结转已分配利润生成的凭证如图 6-41 所示。

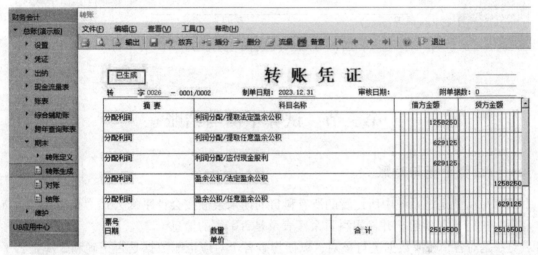

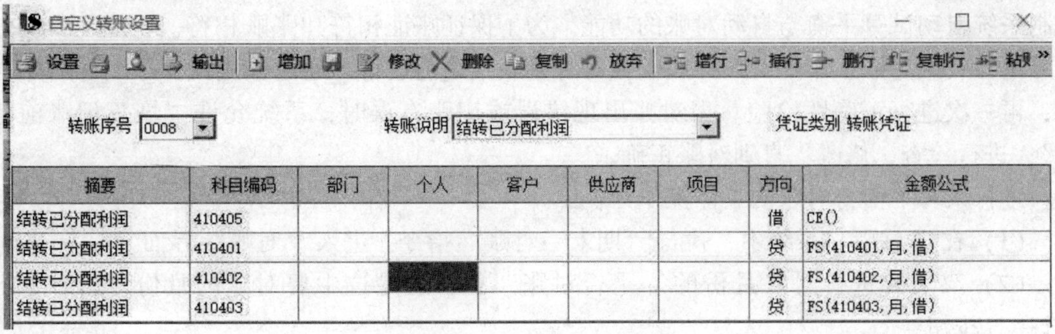

图 6-40　结转已分配利润

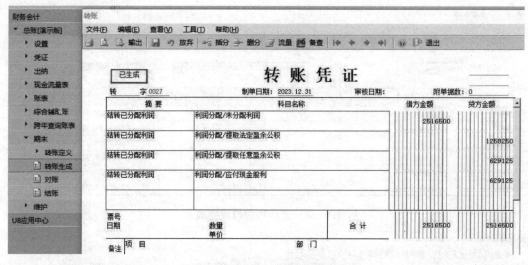

图 6-41　结转已分配利润凭证

第三节　试算平衡与结账

一、试算平衡与对账

试算平衡就是将系统中所设置的所有科目的期末余额按会计平衡公式"借方余额=贷方余额"进行平衡检验，并输出科目余额表及是否平衡的信息。

对账是对各个账簿数据进行核对，以便检查各个对应记账数据是否正确和账簿是否平衡。对账主要是通过核对总账与明细账、总账与辅助账、财务账与业务账数据来完成账账核对。

一般实行计算机记账后，只要记账凭证输入正确，计算机自动记账后各种账簿都应是正确、平衡的。但由于操作不当、中计算机病毒或其他原因，有时可能会造成某些数据被破坏。因此，为在期末结账前进一步确保账证相符和账账相符，许多财务软件仍然保留了控制系统自动试算平衡与自动对账的功能。为了保证账证相符和账账相符，企业至少应一个月进行一次对账工作。对账一般应在每月月底结账前进行，通过调用试算平衡和对账功能，再一次进行正确性检验。当对账出现错误或记账有误时，系统允许"恢复记账前状态"，进行检查、修改，直到对账正确。

进行试算平衡与对账的具体操作为：

（1）在"总账"系统中，执行"期末→对账"指令，进入"对账"界面。

（2）双击要进行对账月份的"是否对账"栏，或是选中要对账的月份，然后单击"选择"按钮。

（3）单击"试算"按钮，弹出"试算平衡表"对话框，系统根据已录入数据自动对账，完成后提示试算是否平衡，如图 6-42 所示。

单击"确定"按钮后返回"对账"对话框，此时所对账月份的"是否对账"栏中出

现 "Y" 标记, 如图 6-43 所示。

科目编码	科目名称	期初余额 借方	期初余额 贷方	本期发生 借方	本期发生 贷方	期末余额 借方	期末余额 贷方
1601	固定资产			1,062,500.00		1,062,500.00	
1602	累计折旧				400.00		400.00
1604	在建工程			66,166.67	41,500.00	26,666.67	

2023.12试算平衡表

资产 = 借 109,379,826.67		负债 = 贷 6,560,292.92	
共同 = 平		权益 = 贷 102,619,533.75	
成本 = 平		损益 = 平	
合计 = 借 109,379,826.67		合计 = 贷 109,379,826.67	

试算结果平衡

6001	主营业务收入	800,000.00	800,000.00		
6051	其他业务收入	236,000.00	236,000.00		
6111	投资收益	80,000.00	80,000.00		
6301	营业外收入	90,000.00	90,000.00		
6401	主营业务成本	504,800.00	504,800.00		
6402	其他业务成本	22,400.00	22,400.00		
6403	税金及附加	55,000.00	55,000.00		
6601	销售费用	87,400.00	87,400.00		
6602	管理费用	324,500.00	324,500.00		
6603	财务费用	14,133.33	14,133.33		
6711	营业外支出	30,000.00	30,000.00		
6801	所得税费用	41,941.67	41,941.67		
损益小计		2,286,175.00	2,286,175.00		
合计		119,732,898.34	119,732,898.34	109,380,226.67	109,380,226.67

图 6-42　试算平衡检验

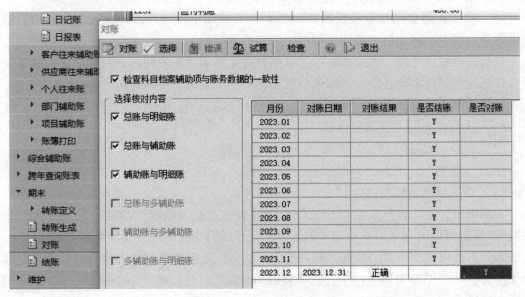

月份	对账日期	对账结果	是否结账	是否对账
2023.01			Y	
2023.02			Y	
2023.03			Y	
2023.04			Y	
2023.05			Y	
2023.06			Y	
2023.07			Y	
2023.08			Y	
2023.09			Y	
2023.10			Y	
2023.11			Y	
2023.12	2023.12.31	正确		Y

图 6-43　"对账" 对话框

二、结账

在手工账务处理中，每个会计期末都需要进行结账处理。结账实际上就是计算和结转各账簿的本期发生额和期末余额，并终止本期账务处理的工作。在电算化账务处理系统中，也有这一过程，以符合会计制度的要求。

总账系统在每次记账时，实际上已经结出各科目的发生额和余额，结账主要是对结账月份日常处理的限制，表明该月的数据已经处理完毕，不能再输入当期凭证，也不能再在当期进行各账户的记账工作，可以说是在总账系统中给结账期画上一个句号。因此，电算化结账比手工结账简单多了。

结账是总账系统期末处理的最后一项内容，只能在每期的期末进行。

1. 结账主要完成的工作

结账主要完成的工作包括：停止本月各账户的记账工作、计算本月各账户发生额合计、计算本月各账户期末余额并将余额结转下月月初。

2. 结账的条件

结账前系统要检验是否符合结账的要求，如果不符合，系统将不予结账。结账必须逐月进行，上月未结账，本月不能结账。结账月份内，记账凭证要全部入账，不允许含有未记账凭证，否则将不予结账。核对总账与明细账，如果不一致，就不能结账。损益类账户是否全部结转完毕，如未结转完，本月不能结账。

3. 结账过程

（1）选择结账月份。如果第一次启用总账系统是在年中，还必须先把以前各月份的空账进行结账处理后，才能进行本月结账处理。

（2）自动进行结账前检验。若符合结账要求，系统将进行结账，否则不予结账。

（3）自动向硬盘或 U 盘备份数据，保存结账前的工作状态，即保存结账前所有数据到硬盘备份目录，防止由于结账过程被中断造成数据丢失。

自动进行结账处理，做结账标志。有些软件在结年度账的同时，自动产生下年度的账簿文件结构，并将本年各账户的期末余额结转下年，成为下年的期初余额。

结账的操作步骤如下：

（1）执行"总账→期末→结账"指令。

（2）选择"结账月份"后单击"下一步"按钮。

（3）按照提示，单击"对账→下一步→结账"按钮。

（4）系统显示结账标志"Y"。

在系统中，除了有月末结账功能外，同时也有"取消结账"功能，它又称为"反结账"，是系统提供的一个纠错功能。如果由于某种原因，在结账后发现结账前的操作有误，而结账后不能修改结账前的数据，则可使用此功能恢复到结账前状态去修改错误。反结账的操作为：在"结账向导一"中，选择要取消结账的月份，按［Ctrl+Shift+F6］组合键即可进行反结账。

 思考题

1. 期末处理的主要内容是什么？
2. 自动转账的模式有哪几种？
3. 自定义转账可以完成哪些业务的处理？

第七章 会计报表

> 1. 了解会计报表管理系统的任务及数据来源；理解会计报表基本结构和 UFO 报表管理系统中的基本术语；掌握编制会计报表的一般过程。
> 2. 掌握设置会计报表格式、计算公式和审核公式的要求与方法；理解关键字的作用；掌握定义关键字的方法。
> 3. 掌握报表生成、报表审核的原理及方法；掌握输出报表的方法。

课程思政

> 《中国注册会计师审计准则第 1101 号——注册会计师的总体目标和审计工作的基本要求》第二十条、第二十二条规定，注册会计师应当按照审计准则的规定，对财务报表整体是否不存在由于舞弊或错误导致的重大错报获取合理保证，以作为发表审计意见的基础。因此，要引导学生在编制财务报表时，遵循客观公正原则，做到数字真实、内容完整、计算准确、编报及时和指标可比。

第一节 会计报表管理系统概述

会计报表管理系统是会计信息系统中的一个独立的子系统，它为企业内部各管理部门及外部相关部门提供综合反映企业一定时期财务状况、经营成果和现金流量的会计信息。

一、会计报表管理系统的任务

会计报表按照报送对象不同可分为对外报送报表和对内报送报表。对外报送报表主要包括资产负债表、利润表、现金流量表和主营业务收支明细表等；对内报送报表主要有成本分析表、费用明细表等。其中，对外报送报表格式和编制方法相对固定，而对内报送报表格式和编制方法可能会经常变化。

会计报表管理系统既可编制对外报表，又可编制各种各样的对内报表。它的主要任务是设计报表的格式和编制公式，从总账系统或其他业务系统中取得有关会计信息，自动编制各种会计报表，对报表进行审核、汇总，生成各种分析图，并按预定格式输出各种会计报表。

用友 UFO 报表管理系统（以下简称 UFO）是报表事务处理的工具，与总账等各系统之间有完善的接口，是真正的三维立体表，提供了丰富的实用功能，完全实现了三维立体表的四维处理能力。

二、会计报表管理系统的数据处理流程

编制会计报表是每个会计期末最重要的工作之一，从一定意义上说编制完会计报表是一个会计期间工作完成的标志。

在报表管理系统中，会计报表的数据来源一般有会计账簿、会计凭证、其他报表、其他业务子系统以及人工直接输入等。

报表管理系统的处理流程是：利用事先定义的报表公式从账簿、凭证和其他报表等文件中采集数据，经过分析、计算，填列在表格中，再生成报表数据输出，如图 7-1 所示。

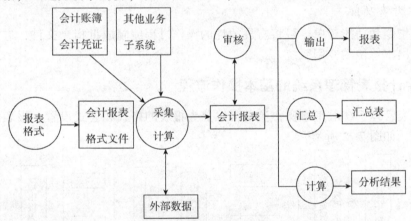

图 7-1　报表数据处理流程

三、会计报表管理系统的基本功能结构

用友 UFO 报表管理系统具有文件管理功能、格式管理功能、数据处理功能、图形功能、打印功能和二次开发功能。

1. 文件管理功能

UFO 提供了创建新文件、进入已有的文件、保存文件、备份文件的文件管理功能，并且能够进行不同文件格式的转换。UFO 的文件可以转换为 Access 文件、Excel 文件、LOTUS1-2-3 文件、文本文件、dBase 文件。上述文件格式的文件也可转换为 UFO 文件。

2. 格式管理功能

UFO 提供了丰富的格式设计功能，如设计表的尺寸、画表格线（包括斜线）、调整行

高和列宽、设置字体和颜色等，可以制作符合各种要求的报表。UFO 中内置了 11 种套用格式和 17 个行业的标准财务报表模板。

3. 数据处理功能

UFO 以固定的格式管理大量不同的表页，它能将多达 99 999 张具有相同格式的报表资料统一在一个报表文件中管理，并且在每张表页之间建立有机的联系。UFO 提供了排序、审核、舍位平衡、汇总功能；提供了绝对单元公式和相对单元公式，可以方便、迅速地定义计算公式；提供了种类丰富的函数，可以直接从账务系统中提取账务数据，生成财务报表。

4. 图形功能

UFO 提供了很强的图形分析功能，可以很方便地进行图形数据组织，制作包括直方图、立体图、圆饼图、折线图等 10 种图式的分析图形。可以编辑图形的位置、大小、标题、字体、颜色等，并打印输出图形。

5. 打印功能

报表和图形以及插入对象都可以打印输出。提供打印预览功能，可以随时观看报表或图形的打印效果。

报表打印时，可以设置表头和表尾，可以在 0.3~3 倍之间缩放打印，可以横向或纵向打印等。

6. 二次开发功能

提供批指令和功能菜单，可将有规律性的操作过程编制成批指令文件，进一步利用功能菜单开发出本单位的专用系统。

四、会计报表管理系统的基本操作流程

会计报表管理系统的基本操作流程可以分为报表的格式和公式设置、报表的数据处理和报表输出，如图 7-2 所示。

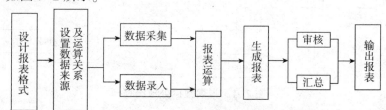

图 7-2　会计报表管理系统的基本操作流程

五、会计报表结构与基本术语

按照报表结构的复杂性，可将报表分为简单表和复合表两类。简单表是规定的二维表，由若干行和若干列组成；复合表是简单表的某种组合。大多数的会计报表，如资产负债表、利润表、现金流量表等，都是简单表。

（一）报表结构

简单表的格式一般由 4 个基本要素组成：标题、表头、表体和表尾。

（1）标题：用来描述报表的名称。报表的标题可能不止一行，有时会有副标题、修饰线等内容。

（2）表头：用来描述报表的编制单位名称、日期等辅助信息和报表栏目。特别是报表的表头栏目名称，是表头的最主要内容，它决定报表的纵向结构、报表的列数以及每一列的宽度。有的报表表头栏目比较简单，只有一层，而有的报表表头栏目却比较复杂，需分若干层次。

（3）表体：是报表的核心，决定报表的横向组成。这是报表数据的表现区域，是报表的主体。表体在纵向上由若干行组成，这些行称为表行；在横向上，每个表行又由若干个栏目构成，这些栏目称为表列。

（4）表尾：指表体以下进行辅助说明的部分以及编制人、审核人等内容。

（二）基本术语

1. 格式状态和数据状态

UFO 将含有数据的报表分为两大部分来处理，即报表格式设计工作与报表数据处理工作。报表格式设计工作和报表数据处理工作是在不同的状态下进行的。实现状态切换的是一个特别重要的按钮——"格式/数据"按钮，单击这个按钮可以在格式状态和数据状态之间切换。

（1）格式状态。在格式状态下设计报表的格式，如表尺寸、行高和列宽、单元属性、组合单元等。报表的单元公式（计算公式）、审核公式、舍位平衡公式也在格式状态下定义。

在格式状态下所做的操作对本报表所有的表页都发生作用。在格式状态下不能进行数据的录入、计算等操作。在格式状态下，只能看到报表的格式，报表的数据全部都被隐藏。

（2）数据状态。在数据状态下管理报表的数据，如输入数据、增加或删除表页、审核、舍位平衡、做图形、汇总等。在数据状态下，不能从根本上修改报表的格式。在数据状态下，报表显示全部内容，包括格式和数据。

2. 单元、单元属性及组合单元

（1）单元。单元是组成报表的最小单位，单元名称由所在行、列标识。行号用数字 1~9 999 表示，列标用字母 A~IU 表示。例如，"D22"表示第 4 列第 22 行的那个单元。

（2）单元属性。单元属性包括单元类型、对齐方式、字体颜色等。单元类型有数值型、字符型和表样型。

①数值单元。它是报表数据的存放单元，在数据状态下（"格式/数据"按钮显示为"数据"时）输入。数值单元的内容可以是 $1.7 \times (10E-308) \sim 1.7 \times (10E+308)$ 之间的任何数（15 位有效数字），数字可以直接输入或由单元中存放的单元公式运算生成。建立一个新表时，所有单元的类型缺省为数值类型。

②字符单元。字符单元的内容可以是汉字、字母、数字及各种键盘可输入的符号组成的一串字符，一个单元中最多可输入 63 个字符或 31 个汉字。

③表样单元。它是报表的格式，是定义一个没有数据的空表所需的所有文字、符号或数字。一旦单元被定义为表样，那么在其中输入的内容对所有表页都有效。表样在格式状态下（"格式/数据"按钮显示为"格式"时）输入和修改，在数据状态下（"格式/数据"按钮显示为"数据"时）不允许修改。

如图 7-3 所示为某单位资产负债表，屏幕显示为格式状态下的情形，没有数据的空表的内容就是表样。

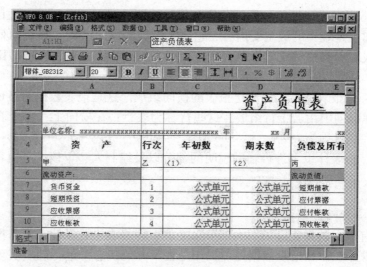

图7-3　格式状态下的资产负债表

单击"格式/数据"按钮切换到数据状态后，表中将显示该报表的数据。这个资产负债表中的"年初数"和"期末数"两列中数据所在单元即是数据类型单元。

（3）组合单元。组合单元由相邻的两个或更多的单元组成，这些单元必须是同一种单元类型（表样、数值、字符）。UFO在处理报表时将组合单元视为一个单元。

UFO中可以组合同一行相邻的几个单元，也可以组合同一列相邻的几个单元，还可以把一个多行多列的平面区域设为一个组合单元。

组合单元的名称可以用组成组合单元的区域中任何一个单元的名称来表示。例如把B2到B3定义为一个组合单元，这个组合单元可以用"B2""B3"或"B2：B3"来表示。

3. 区域、固定区和可变区

（1）区域。区域由一张表页上的一组单元组成，自起点单元至终点单元是一个完整的长方形矩阵。在UFO中，区域是二维的，最大的区域是一个二维表的所有单元（整个表页），最小的区域是一个单元。

（2）固定区。即组成一个区域的行数和列数是固定的数字。一旦设定好以后，在固定区域内其单元总数是不变的。

（3）可变区。屏幕显示的一个区域的行数或列数不是固定的数字。可变区的最大行数或最大列数是在格式设计中设定的。

在一个报表中只能设置一个可变区，或是行可变区，或是列可变区。行可变区是指可变区中的行数是可变的；列可变区指可变区中的列数是可变的。

设置可变区后，在格式状态下屏幕只显示可变区的第一行或第一列，其他可变行或可变列隐藏在表体内。在以后的数据操作中，可变行数或可变列数随着需要而增减。

有可变区的报表称为可变表，没有可变区的表称为固定表。

4. 关键字

一个报表的各个表页代表着不同的经济含义，例如主管单位把其100个下属单位的利润表组成一个报表文件，每个单位的利润表占一张表页。为了在这100张表页中迅速找到特定的单位，就有必要给每张表页设置一个标记，如把单位名称设为标记。这个标记就是关键字。

关键字是游离于单元之外的特殊数据单元，可以标识唯一的表页，用于区别并选择表页，为多维操作起"关键字"的作用。

UFO 共提供了以下六种关键字，关键字的显示位置在格式状态下设置，关键字的值则在数据状态下录入，每个报表可以定义多个关键字。

（1）单位名称：字符型（最多30个字符），该报表表页编制单位的名称。

（2）单位编号：字符型（最多10个字符），该报表表页编制单位的编号。

（3）年：数字型（1904~2100），该报表表页反映的年度。

（4）季：数字型（1~4），该报表表页反映的季度。

（5）月：数字型（1~12），该报表表页反映的月份。

（6）日：数字型（1~31），该报表表页反映的日期。

第二节　创建会计报表及报表公式设置

一、创建新表

在用友 UFO 报表管理系统中创建一张新报表的步骤如下：

（1）在 UFO 报表管理系统中，执行"文件→新建"指令，将自动创建一个空的报表文件，文件名显示在标题栏中，为"report1"。

（2）设置表尺寸。执行"格式→表尺寸"指令，弹出"表尺寸"对话框，在"行数"数值框中输入"50"，在"列数"数值框中输入"7"，单击"确认"按钮，如图7-4所示。

图7-4　"表尺寸"对话框

（3）画表格线。选取一个区域，如 A3：F7 区域，执行"格式→区域画线"指令，弹出"区域画线"对话框，选择画线类型，单击"确认"按钮保存，如图7-5所示。

图7-5　"区域画线"对话框

（4）设置组合单元。按需要选取一定区域，如 A1：C1 区域，执行"格式→组合单元"指令，弹出"组合单元"对话框，选择组合类型，如图 7-6 所示。

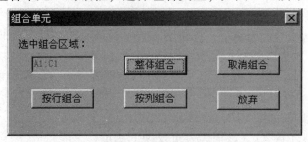

图 7-6 "组合单元"对话框

（5）设置单元属性。按需要选取一定区域，如选取 B5：F7 区域，执行"格式→单元属性"指令，弹出"单元属性"对话框，设置单元类型、数字格式、小数位数和边框样式，单击"确认"按钮保存，如图 7-7 所示。

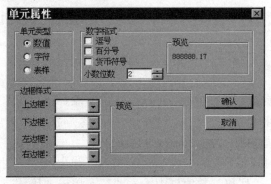

图 7-7 "单元属性"对话框

（6）设置单元风格。按需选取一定的区域，如组合单元 A1：C1，执行"格式→单元风格"指令，弹出"单元风格"对话框，设置字体、字型、字号，前景色、背景色、图案，以及对齐方式等，单击"确认"按钮保存，如图 7-8 所示。

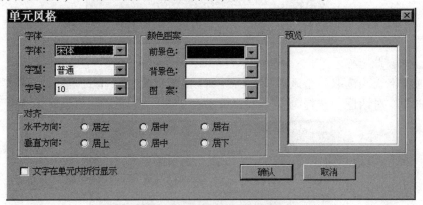

图 7-8 "单元风格"对话框

（7）输入表样文字。在格式状态下录入表样文字。

（8）设置关键字。按需选取相应的单元，执行"数据→关键字→设置"指令，弹出"设置关键字"对话框，根据要求进行相关设置后，单击"确认"按钮保存，如图

7-9 所示。

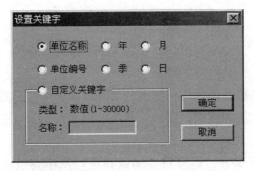

图 7-9 "设置关键字"对话框

（9）定义单元公式。按需选取相应区域，输入"="，弹出"单元公式"对话框，在编辑框中输入相应的公式，如"F5+B6"后，单击"确认"按钮保存，如图 7-10 所示。

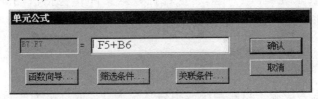

图 7-10 "单元公式"对话框

（10）录入关键字的值。单击屏幕左下角的"格式/数据"按钮，进入数据状态，执行"数据→关键字→录入"指令，弹出"录入关键字"对话框。在变亮的编辑框中输入相应的内容后，单击"确定"按钮保存，如图 7-11 所示。

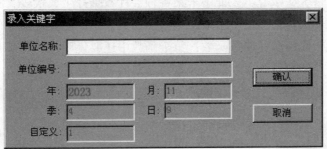

图 7-11 "录入关键字"对话框

（11）录入数据。在数据状态下录入报表各栏目相应的数据。录入数据的方式有两种：一种方式是直接在相应单元格中输入数字，另一种方式是执行"数据→整表重算"指令，由系统依据单元格中的公式自动向账务系统提取数据，显示到相应的单元格中。

（12）保存文件。执行"文件→保存"命令或单击工具栏中的"保存"按钮，保存报表文件。

二、报表公式设置

会计报表的变动单元内容会随编制单位和时间的不同而不同，但其获取数据的来源和计算方法是相对稳定的。报表管理系统依据这一特点设计了"定义计算公式"的功能，为定义报表变动单元的计算公式提供了条件，从而使报表管理系统能够自动、及时、准确地编制会计报表。

报表公式是指报表或报表数据单元的计算规则，主要包括单元公式、审核公式和舍位平衡公式等。

（一）单元公式

单元公式是指为报表数据单元进行赋值的公式，其作用是从账簿、凭证、本表或其他报表等处调用、运算所需要的数据，并填入相应的报表单元中。它可以将数据单元赋值为数值，也可以赋值为字符。

单元公式一般由目标单元、运算符、函数和运算符序列组成，例如"C5＝期初余额（'1001'，月）+期初余额（'1002'，月）"。其中，目标单元是指用行号、列号表示的，用于放置运算结果的单元，如上式中的"C5"；运算符序列是指采集数据并进行运算处理的次序。报表系统提供了一整套从各种数据文件（包括机内凭证、账簿和报表，也包括机内其他数据来源）采集数据的函数。企业可根据实际情况，合理地调用不同的相关函数。

1. 单元公式取数公式

常用的报表数据一般源于总账系统或报表系统本身，取自报表的数据又可以分为从本表取数和从其他报表的表页取数。

账务取数是会计报表数据的主要来源，账务取数函数架起了报表系统和总账系统等其他系统之间进行数据传递的桥梁。账务取数函数（也称账务取数公式或数据传递公式）的使用可以实现报表系统从账簿、凭证中采集各种会计数据并生成报表，实现账表一体化。

账务取数公式是报表系统中使用最为频繁的一类公式，此类公式中的函数表达式最为复杂，公式中往往要使用多种取数函数，每个函数中还要说明如科目编码、会计期间、发生额或余额、方向、账套号等参数。账务取数公式的基本格式如下：

函数名（"科目编码"，"会计期间"，"方向"，"账套号"，"会计年度"，"编码1"，"编码2"）。

例如，函数"QC（'1001'，'全年'，'借'，'001'，'2007'）"表示提取账务系统中001账套2007年的1001科目的年初借方余额。

"编码1"和"编码2"与该科目的核算账类有关，可以取科目的辅助账，如职员编码、项目编码等，如无辅助核算则省略。主要账务取数函数如表7-1所示。

表7-1 主要账务取数函数

函数名	金额式	数量式	外币式
期初额函数	QC（）	SQC（）	WQC（）
期末额函数	QM（）	SQM（）	WQM（）
发生额函数	FS（）	SFS（）	WFS（）
累计发生额函数	LFS（）	SLFS（）	WLFS（）
条件发生额函数	TFS（）	STFS（）	WTFS（）

函数名	金额式	数量式	外币式
对方科目发生额函数	DFS（）	SDFS（）	WDFS（）
净额函数	JE（）	SJE（）	WJE（）
汇率函数	HL（）	SHL（）	WHL（）

2. 本表页内部统计公式

表页内部统计公式用于在本表页内的指定区域内做出诸如求和、求平均值、计数、求最大值、求最小值、求统计方差等统计结果的运算，主要实现表页中相关数据的计算、统计功能。应用时，要按要求的统计量选择公式的函数名和统计区域。UFO 中本表页取数的主要函数如表 7-2 所示。

表 7-2　本表页取数主要函数

函数名	函数	函数名	函数
求和	PTOTAL（）	最大值	PMAX（）
平均值	PAVG（）	最小值	PMIN（）
计算	PCOUNT（）	方差	PVAR（）
		偏方差	PSTD（）

例如，用"PTOTAL（B5：F9）"表示求区域 B5~F9 单元的总和；用"PAVG（B5：F9）"表示求区域 B5~F9 单元的平均值；用"PMAX（B5：F9）"表示求区域 B5~F9 单元的最大值等。

3. 本表他页取数公式

一张报表可以由多个表页组成，并且表页之间具有极其密切的联系，如一张报表中的不同表页可能代表同一单位不同会计期间的报表。因此，一张表页中的数据可能取自上一会计期间表页的数据。本表他页取数公式可完成此类操作。

编辑此类公式应注意报表处理软件中的表页选择函数名及参数格式。特别是如何描述历史上的会计期间。

对于取自本表其他表页的数据可以利用某个关键字作为表页定位的依据或者直接以页标号作为定位依据，指定取某张表页的数据。如使用"SELECT（）"函数从本表其他表页取数。

（1）本表中，当前表页 C1 单元取自第二张表页的 C2 单元数据，表示为"C1＝C2＠2"。

（2）本表中，C1 单元取自上个月的 C2 单元的数据，表示为"C1＝SELECT（C2，月＠＝月+1）"。

（3）"损益表"中的本年累计数单元格，可利用本表他页取数函数"SELECT（）"来完成，即本月数加上月的本年累计数即可。

①公式格式：本月数单元格或区域+SELECT（本年累计数单元格或区域，月＠＝月+1）

②报表举例：

下表中所有的本年累计数单元格公式可以统一设置为：

D6：D22＝C6：C22＋SELECT（D6：D22，月@ ＝月＋1）

上式中，"C6：C22"区域表示本月数，"SELECT（D6：D22，月@ ＝月＋1）"表示上个月的本年累计数。

③文字描述：当月的本年累计数＝本月发生数＋上个月的本年累计数。

4. 报表之间取数公式

报表之间取数公式即他表取数公式，用于从另一报表某期间某页中某个或某些单元中采集数据。在进行报表与报表之间的取数时，不仅要考虑数据取自哪一张表的哪个单元，还要考虑数据源于哪一页。

例如，某年7月份的"资产负债表"中的未分配利润，需要取"利润分配表"中同一月份的未分配利润数据，如果"利润分配表"中存在其他月份的数据，而不只是7月份的数据，则在本年"资产负债表"中编制取数公式时，必须标明7月份数据所在的表页和单元格。表间计算公式一定要保证这一点。

编辑表间计算公式与同一报表内各表页间的计算公式类似，主要区别在于把本表表名换为他表表名。对于取自其他报表的数据可以用"'报表名'→单元"格式指定要取数的某张报表的单元。

例如，令当前表所有表页C5的值等于表"Y"第1页中C10的值与表"Y"第2页中C2的值的和，则相应函数为"C5＝"Y"→C10@ 1＋"Y"→C2@ 2"。

5. 单元公式的设置

为了方便而又准确地编制会计报表，系统提供了手工设置和引导设置两种单元公式的设置方式。在引导设置方式下，根据对各目标单元填列数据的要求，通过逐项设置函数及运算符，即可自动生成所需要的单元公式。

（1）手工方式下设置单元公式。

手工方式设置单元公式的操作步骤为：

①选定需要定义公式的单元。

②执行"数据→编辑公式→单元公式"命令，弹出"定义公式"对话框。

③在"定义公式"对话框内，直接输入计算公式后，单击"确认"按钮。

注意：单元公式在输入时，凡是涉及数学符号的，均须在英文半角状态下输入。

（2）引导设置方式下设置单元公式。

引导设置方式下设置单元公式的操作步骤为：

①选定被定义单元D6，即货币资金的期末数；单击编辑框的"fx"按钮，弹出"定义公式"对话框；单击"函数向导"按钮，弹出"函数向导"对话框，如图7-12所示。

②在"函数分类"列表框中选择"用友账务函数"选项；在"函数名"列表框中选择"期末（QM）"项；单击"下一步"按钮，弹出"用友账务函数"对话框；单击"参照"按钮，弹出"账务函数"对话框，如图7-13所示。

图 7-12　"函数向导"对话框

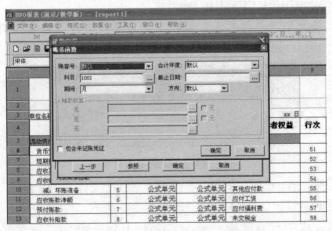

图 7-13　"账务函数"对话框

③单击"账套号"下拉列表框的下三角按钮，在下拉列表中选择其账套号；单击"会计年度"下拉列表框的下三角按钮，在下拉列表框中选择其会计年度；在"科目"文本框中输入"1001"，或单击参照按钮，选择"1001"科目；单击"期间"下拉列表框的下三角按钮，在下拉列表中选择其期间单位；单击"方向"下拉列表框的下三角按钮，在下拉列表中选择取数方向；单击"确认"按钮，返回到"用友账务函数"对话框；单击"确定"按钮，返回到"定义公式"对话框。

④在"定义公式"对话框中，接着前面参照输入的公式后输入"+"后，继续按照上述步骤输入银行存款的期末余额和其他货币资金。

⑤在"定义公式"对话框中，单击"确认"按钮。如被定义公式内容只有一项，执行到第③步即可。

（二）审核公式

报表中的各个数据之间一般都存在某种勾稽关系。利用这种勾稽关系可以定义审核公式，进一步检验报表编制的结果是否正确。审核公式可以检验表页中数据的勾稽关系，也可以验证同表不同表页的勾稽关系，还可以验证不同报表之间的数据勾稽关系。

审核公式由验证关系公式和提示信息组成。定义报表审核公式，首先要分析报表中各单元之间的关系，确定审核关系，然后根据确定的审核关系定义审核公式。其中审核关系必须确定正确，否则审核公式会起到相反的效果，即由于审核关系不正确导致一张数据正确的报表被审核为错误，而编制报表者又无法修改。

在经常使用的各类财经报表中的每个数据都有明确的经济含义，并且各个数据之间一般都有一定的勾稽关系。如在一个报表中，小计等于各分项之和；而合计又等于各个小计之和，等等。在实际工作中，为了确保报表数据的准确性，我们经常用报表之间或报表之内的勾稽关系对报表进行勾稽关系检查。一般来讲，我们称这种检查为数据的审核。

UFO 将报表数据之间的勾稽关系用公式表示出来，我们称之为审核公式。

审核公式的一般格式为：

<算术或单元表达式><逻辑运算符><算术或单元表达式>［MESS"说明信息"］

逻辑运算符有"="">""<"">=""<="<>"。

【实务案例】

在"资产负债表"中定义以下审核公式：

D39＝H39　MESS"资产总额的期末数<>负债及所有者权益总额的期末数！"

执行审核后，如果 D39<>H39，则将出现审核错误的审核提示对话框，如图 7-14 所示。

图7-14　审核提示对话框

【操作步骤】

（1）执行"数据→编辑公式→审核公式"指令，进入"审核公式"对话框。

（2）在"审核公式"对话框中，输入"D39＝H39　MESS'资产总额的期末数<>负债及所有者权益总额的期末数！'"，单击"确定"按钮保存，如图 7-15 所示。

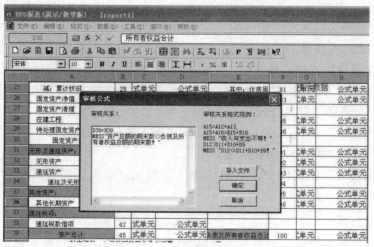

图7-15　"审核公式"对话框

（三）舍位平衡公式

在报表汇总时，各个报表的数据计量单位有可能不统一，这时，需要将报表的数据进行位数转换，将报表的数据单位由个位转换为百位、千位或万位。如将"元"单位转换为"千元"或"万元"单位，这种操作称为进位操作。进位操作后，原来的平衡关系重新调整，使舍位后的数据符合指定的平衡公式。这种用于对报表数据进位及重新调整报表进位之后平衡关系的公式称为舍位平衡公式。

定义舍位平衡公式需要指明要舍位的表名、舍位范围以及舍位位数，并且必须输入平衡公式。

【实务案例】

将数据由"元"进位为"千元"，定义报表的舍位平衡公式。

【操作步骤】

（1）在报表格式设计状态下，执行"数据→编辑公式→舍位公式"指令，调出"舍位平衡公式"对话框。

（2）在"舍位平衡公式"对话框中输入舍位平衡公式，舍位平衡公式编辑完毕，检查无误后单击"完成"按钮，系统将保存舍位平衡公式，如图7-16所示。按〔ESC〕键或单击"取消"按钮则可放弃此次操作。

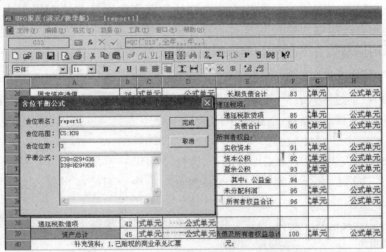

图7-16　"舍位平衡公式"对话框

第三节　会计报表数据处理

报表的数据包括报表单元的数值和字符以及游离在单元之外的关键字。数值单元只能接收数字，而字符单元既能接收数字又能接收字符。数值单元和字符单元可以由公式生成也可以由键盘录入。关键字的值则必须由键盘录入。

报表数据处理主要包括生成报表数据（即编制报表）、审核报表数据和舍位平衡操作等工作，数据处理工作必须在数据状态下进行。计算机进行报表数据处理时，根据已定义的单元公式、审核公式和舍位平衡公式自动进行数据采集、审核及舍位等操作。报表数据处理一般是针对某一特定表页进行的，因此在数据处理时还涉及表页的操作，如表页的增加、删除等。

一、生成会计报表

报表公式定义和数据来源的定义只说明了表和数据之间的关系，会计报表的生成就是根据各报表数据的生成方法，具体计算每个单元的数值并填入目标表的过程。通用报表软件使用一个通用的报表生成程序，对所有的报表进行一次操作，生成报表的过程是在人工控制下由计算机自动完成的。

大多数的会计报表与日期有密切联系。在定义报表结构时，可以无日期限制，但是在生成报表时必须确定其日期。如资产负债表和利润表等会计报表，一般必须在月末结账以后才能生成。若在月中进行报表生成，即使所有报表公式都正确，也会生成一张数据错误的报表。在生成报表时可反复使用已经设置的报表公式，并且在相同的会计期间可以生成相同结果的报表；在不同的会计期间可以生成不同结果的报表。

采用通用报表处理方法生成会计报表，应注意以下几个问题：报表与账簿之间的关系；各会计报表之间存在的勾稽关系；每一张报表内各类数据存在的勾稽关系。

1. 设置报表与账簿之间的关系

设置报表与账簿之间的关系简称为账套初始。账套初始是在编制报表之前指定报表数据来源的账套和会计年度。进行账套初始操作的步骤为：执行"数据→账套初始"命令，弹出"账套及时间初始"对话框，输入相应的账套号和会计年度。

2. 增加、删除表页

增加表页可以通过插入表页，也可以通过追加表页来实现。插入表页是在当前表页后插入一张空表页，追加表页是在最后一张表页后追加 N 张空表页。一张报表最多能管理 99 999 张表页。

（1）追加和插入表页。在数据状态下，执行"编辑→追加→表页"指令，即可在报表的最后增加新的表页；执行"编辑→插入→表页"指令，即可在当前表页的前面插入新的表页。

在报表中增加表页后，新增的表页将自动沿用在格式状态下设计的报表格式，直接在其中输入数据即可。

（2）删除表页。在数据状态下，执行"编辑→删除→表页"指令，进入删除表页设置，如图 7-17 所示。根据需要设置删除表页、删除条件后，单击"确认"按钮，表页中的数据被删除，不能恢复。报表的格式和单元公式不会被删除。

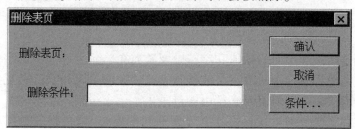

图 7-17　"删除表页"对话框

需要注意的是，在图7-17的对话框中，如果不输入任何内容直接单击"确认"按钮，则删除当前表页。可以同时删除多张表页，多个表页号之间用逗号隔开。例如输入"1，3，10"则删除第1页、第3页和第10页。如果要删除符合删除条件的表页，在"删除条件"编辑框中输入删除条件，或者单击"条件"按钮，定义删除条件。

①想要删除表页号大于3的表页，则定义删除条件为"MREC（）>3"。

②想要删除第10页到第50页，则定义删除条件为"MREC（）>=10 AND MREC（）<=50"。

③想要删除A3单元值为12.5的表页，则定义删除条件为"A3=12.5"。

④想要删除1996年上半年的表页，则定义删除条件为"年=1996　AND 月<=6"。

如果指定的删除表页不存在，将弹出提示对话框"表页号大于总表页数！"。如果同时定义了表页号和删除条件，则系统删除同时满足这两个条件的表页，例如在"删除表页"编辑框中输入"1，3，5，10"，在"删除条件"编辑框中输入"MREC（）>4"，则删除第5页和第10页。如果没有同时满足"删除表页"和"删除条件"的表页，则不作任何删除。

（3）交换表页。表页交换是将指定的任何表页中的全部数据进行交换。在数据状态下，执行"编辑→交换→表页"指令，弹出"交换表页"对话框，如图7-18所示。

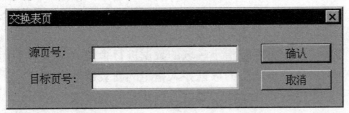

图7-18　"交换表页"对话框

在"源页号"和"目标页号"编辑框中输入要互相交换位置的表页号，单击"确认"按钮，可进行表页交换。可以一次交换多个表页，多个表页号用"，"隔开。

例如，要同时交换第1页和第2页，第3页和第4页，第10页和第20页，则在"源页号"编辑框中输入"1，3，10"；在"目标页号"编辑框中输入"2，4，20"。

3. 录入关键字

关键字可以标识唯一的表页，关键字的值和表页中的数据是相关联的，所以要在数据状态下在每张表页上录入关键字的值。

设置关键字是为了在大量表页中找到特定的表页，因此每张表页上的关键字的值最好不要完全相同。如果有两张关键字的值完全相同的表页，则利用筛选条件和关联条件寻找表页时，只能找到第一张表页。在数据状态下，执行"数据→关键字→录入"指令，进入录入关键字界面，在变亮的编辑框中输入相应的内容后，单击"确定"按钮即可保存相关设置。

4. 计算

表的计算是指按计算公式重新计算报表中的数据。一般要正确进行报表的编制，首先需要正确定义单元公式；其次，还需要正确完成账簿的记账，这样才能得到正确的报表数据。

在数据状态下，执行"数据→表页重算"指令，选择整表计算或表页重算。整表计算时是将该表的所有表页全部进行计算，而表页重算仅是将具体某一页的数据进行计算。

二、审核会计报表

在数据状态中，当报表数据录入完毕或进行修改后，应对报表进行审核，以检查报表各项数据勾稽关系的准确性。

在实际应用中，主要报表中数据发生变化，都必须进行审核。通过审核不仅可以找到一张报表内部的问题，还可以找出不同报表间的问题。审核时，执行审核功能后，系统将按照审核公式逐条审核表内的关系。当报表数据不符合勾稽关系时，系统会提示错误信息。导致审核出现错误的原因有：单元公式出现语法等错误，审核公式本身错误，账套变量找不到或账套数据源错误等。出现错误提示，应按提示信息修改相关内容后重新计算，并再次进行审核，直到不出现任何错误信息。在屏幕底部的状态栏中出现"审核完全正确"提示信息，表示该报表各项勾稽关系正确。

在 UFO 中，进入数据处理状态，执行"数据→审核"指令，可实施报表的审核。

三、会计报表舍位平衡操作

当报表编辑完毕，需要对报表进行舍位平衡操作时，可进入数据状态，执行"数据→舍位平衡"指令。

系统按照所定义的舍位关系对指定区域的数据进行舍位，并按照平衡公式对舍位后的数据进行平衡调整，将舍位平衡后的数据存入指定的新表或他表中。

进入舍位平衡公式指定的舍位表，可以看到调整后的报表。

四、会计报表模板应用

设计一张报表，既可以从头开始按部就班地操作，也可以利用 UFO 提供的模板直接生成报表格式。UFO 提供了 11 种报表格式和 17 个行业的标准财务报表模板，可以直接套用财务报表模板，再进行一些小的改动，也可以直接套用企业自定义的模板。

（一）套用报表模板

如果在当前报表中套用报表模板，则原有内容将丢失。如果该报表模板与实际需要的报表格式或公式不完全一致，在模板的基础上稍做修改即可快速得到所需报表格式和公式。套用报表模板和套用格式需要在格式状态下进行。套用报表模板时，执行"格式→报表模板"指令，进入"报表模板"对话框后即可在对话框中选择行业和报表。

（二）定制报表模板

企业可以根据本单位的实际需要定制报表模板，也可将自定义的报表模板加入系统提供的模板库中，还可以对其进行修改、删除操作。

自定义模板的操作步骤为：

（1）在 UFO 中做好本单位的模板后，执行"格式→自定义模板"指令，弹出"自定义模板"对话框；选定某行业或单位（如没有自定义报表模板所属行业或单位，可单击"增加"按钮增加相应的行业或单位后，再选定某行业）；单击"自定义模板"的"下一步"按钮，弹出选择报表类型的对话框，如图 7-19 所示。

图 7-19　"自定义模板"对话框

（2）单击"增加"按钮，弹出"添加模板"对话框，如图 7-20 所示。

图 7-20　"添加模板"对话框

（3）选定模板文件后，单击"添加"按钮，将模板加入选定的行业模板列表中。

在"模板名称"中可以任意修改模板名称，单击"浏览"按钮找到该报表的保存路径，并选取报表单击"进入"按钮，即可将报表的全路径加到模板路径下。

（4）单击"完成"按钮，自定义模板操作结束。

第四节　会计报表输出

报表输出形式一般有屏幕查询、网络传送、打印输出和磁盘输出等形式。输出报表数据时往往会涉及表页的相关操作，如表页排序、查找、透视等。

一、会计报表查询

报表查询是报表系统应用的一项重要工作。在报表系统中，可以对当前正在编制的报表予以查阅，也可以对历史的报表进行迅速有效的查询。在进行报表查询时一般可以以整表的形式输出；也可以将多张表页的布局内容同时输出，后者叫作表页透视。

查找表页可以以某关键字或某单元为查找依据。会计报表查询的操作为：

（1）执行"编辑→查找"指令，弹出"查找"对话框。

（2）选择查找内容并输出相应的条件。

（3）单击"查找"按钮。

二、会计报表打印

打印输出是指将编制出来的报表以纸质的形式打印并输出。打印输出是将报表进行保存、报送有关部门等不可缺少的一种报表输出方式。在打印报表前，必须在报表系统中做好打印机的有关设置以及报表打印的格式设置，并确认打印机已经与主机正常连接。打印报表前可以在预览界面预览。

此外，将各种报表以文件的形式输出到磁盘上也是一种常用的报表输出方式。此类输出对于下级向上级部门报送数据、进行数据汇总是一种行之有效的方式。一般的报表系统都提供有不同文件格式的输出方式，方便不同软件之间进行数据交换。在报表输出时既可以输出报表的格式，也可以输出报表的数据。

第五节　报表编制案例

为了方便准确地编制财务报表，“用友 ERP-U8”提供了资产负债表、损益表、现金流量表等报表模板，以及自动取数公式。

以本书案例数据为基础，编制鸿达科技有限责任公司 2023 年 12 月份的资产负债表和损益表，分别如图 7-21、图 7-22 所示。

资产负债表

会工01表

单位名称：鸿达科技有限公司　2023 年　12 月　31 日　单位：元

资　　产	行次	年初数	期末数	负债及所有者权益	行次	年初数	期末数
流动资产：				流动负债：		演示数据	
货币资金	1		106,306,580.00	短期借款	35		120,000.00
交易性金融资产	2			应付票据	36		200,000.00
应收票据	3			应付账款	37		
应收账款	4			预收账款	38		
预付账款	5		51,500.00	应付职工薪酬	39		87,400.00
应收利息	6			应交税费	40		106,201.67
应收股利	7			应付利息	41		400.00
其他应收款	8			应付股利	42		6,291.25
存货	9		932,980.00	其他应付款	43		
持有待售资产	10			持有待售负债	44		
一年内到期的非流动资产	11			一年内到期的非流动负债	45		
其他流动资产	12			其他流动负债	46		
流动资产合计	13		107,291,060.00	流动负债合计	47		520,292.92
	14				48		
非流动资产	15			非流动负债：	49		
可供出售金融资产	16			长期借款	50		6,040,000.00
持有至到期投资	17			应付债券	51		
长期应收款	18			长期应付款	52		
长期股权投资	19			专项应付款	53		
投资性房地产	20			预计负债	54		
固定资产	21		1,062,100.00	递延收益	55		
在建工程	22		26,666.67	递延所得税负债	56		
工程物资	23			其他非流动负债	57		
固定资产清理	24			非流动负债合计	58		6,040,000.00
生产性生物资产	25			负债合计	59		6,560,292.92
油气资产	26				60		
无形资产	27		1,000,000.00	所有者权益：	61		
研发支出	28			实收资本（或股本）	62		102,600,000.00
商誉	29			资本公积	63		100,000.00
长期待摊费用	30			其他综合收益	64		
递延所得税资产	31			盈余公积	65		18,873.75
其他非流动资产	32			未分配利润	66		100,660.00
非流动资产合计	33		2,088,766.67	所有者权益合计	67		102,819,533.75
资产总计	34		109,379,826.67	负债及所有者权益总计	68		109,379,826.67

补充资料：1. 已贴现的商业承兑汇票　元；

图 7-21　鸿达科技有限责任公司 2023 年 12 月份的资产负债表

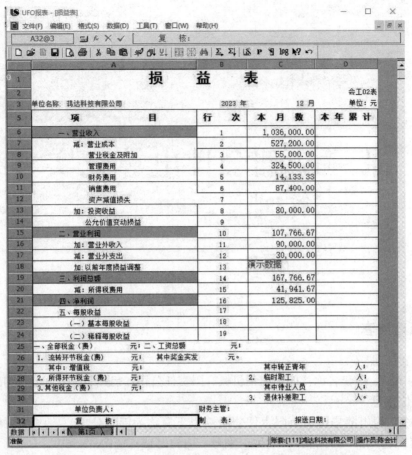

图 7-22 鸿达科技有限责任公司 2023 年 12 月份的损益表

思考题

1. 简述报表管理系统的主要功能。
2. 图示报表管理系统的数据处理流程。
3. 简述创建一张新报表的步骤。
4. 如何表示单元、区域、组合单元?
5. 简述自定义报表模板的步骤。

附　录　基础会计电算化实务综合案例

一、新建账套

（1）账套信息。

账套号：689；账套名称：四川锦华机械有限责任公司；启用日期：2023 年 12 月 01 日。

（2）单位信息。

企业名称：四川锦华机械有限责任公司（以下简称为锦华公司）；法定代表人：冯总；联系电话和传真：028-3336869；纳税识别号：91510115MA6BX4N56W。

（3）核算类型。

企业记账本位币：人民币；企业类型：工业企业；行业性质：2007 年新会计制度科目；按行业性质预置科目。

（4）基础信息：存货分类，客户、供应商不分类，无外币核算。

（5）编码方案：科目编码：42222；部门：22；其他采用系统默认。

（6）数据精度：采用系统默认。

（7）系统启用：启用总账；启用日期：2023 年 12 月 01 日。

二、设置操作员及权限（见表1）

表1　操作员及权限

操作员编号	操作员姓名	系统权限
201	陈主管	账套主管
202	许会计	总账
203	李出纳	出纳
204	邱会计	总账

（一）设置操作员

【操作提示】

在"系统管理"主界面，执行"权限→用户"指令，进入"用户管理"界面。在"用户管理"界面，单击"增加"按钮，弹出"增加用户"界面。根据提供资料完成相应设置，单击"增加"按钮，保存新增用户信息。

（二）设置权限

【操作提示】

以系统管理员身份注册登录，执行"权限→权限"指令，进入"操作员权限设置"界面，进行功能权限分配。

三、基础档案

（一）机构人员

1. 部门档案（见表2）

表2　机构人员的部门档案

编号	名称
01	办公室
02	财务部
03	生产部
0301	一车间
0302	二车间
04	市场部
0401	采购部
0402	销售部

【操作提示】

在企业应用平台中，执行"基础设置→基础档案→机构人员→部门档案"指令，进入"部门档案设置"主界面，单击"增加"按钮，根据提供资料完成相应设置，单击"保存"按钮。保存此次增加的部门档案信息后，再次单击"增加"按钮，可继续增加其他部门信息。

2. 人员类别（见表3）

表3　人员类别

编号	名称
101	管理人员
102	生产人员
103	采购人员
104	销售人员

【操作提示】

在企业应用平台中，执行"基础设置→基础档案→机构人员→人员类别"指令，进入"人员类别设置"主界面，单击功能键中的"增加"按钮，打开"添加职员类别"空白页，根据企业的实际情况，在相应栏目中输入适当内容，单击"确定"按钮，保存此次增加的人员类别信息。再次单击"增加"按钮，可继续增加其他类别信息。

3. 人员档案（见表4）

表4 人员档案

职员编号	职员名称	性别	所属部门	是否操作员	是否业务员	人员类别
101	冯 总	男	办公室	否	是	管理人员
201	陈主管	女	财务部	是	是	管理人员
202	许会计	女	财务部	是	是	管理人员
203	李出纳	男	财务部	是	是	管理人员
204	邱会计	女	财务部	是	是	管理人员
205	张 三	男	财务部	是	是	管理人员
301	孙贵武	男	一车间	否	是	生产人员
302	刘 朋	男	一车间	否	是	生产人员
303	欧阳春	女	二车间	否	是	生产人员
401	赵 巍	男	采购部	否	是	采购人员
402	张明玉	女	采购部	否	是	采购人员
403	吴 宇	男	销售部	否	是	销售人员

【操作提示】

在企业应用平台中，执行"基础设置→基础档案→机构人员→人员档案"指令，进入"人员档案设置"主界面，在左侧部门目录中选择要增加人员的末级部门，单击功能键中的"增加"按钮，打开添加职员档案的空白页，根据企业的实际情况，在相应栏目中输入适当内容，其中蓝色名称为必输项；单击"保存"按钮，保存此次增加的人员档案信息。再次单击"增加"按钮，可继续增加其他人员信息。

（二）客商信息

1. 供应商档案（见表5）

表5 供应商档案

编号	名称	简称	税号	开户银行	账号
001	南方公司	南方公司	87654321098768	工行杭州分行	25687991235888
002	北方公司	北方公司	98765432109878	工行石家庄分行	98765432109888
003	天天公司	天天公司	12345678901238	工行沈阳分行	12345678901288

【操作提示】

在企业应用平台中，执行"基础设置→基础档案→客商信息→供应商档案"指令，进入"供应商档案设置"主界面，单击"增加"按钮，进入增加状态，填写相关内容，单击"保存"按钮，保存此次增加的供应商档案信息，或单击"保存并新增"按钮保存此次增加的供应商档案信息，并增加空白页供继续录入供应商信息。

2. 客户档案（见表6）

表6　客户档案

编号	名称	简称	税号
01	东方公司	东方公司	78906543212388
02	西方公司	西方公司	56789012345688
03	新华公司	新华公司	25689222233588
04	丽江公司	丽江公司	56789012345689
05	丽水公司	丽水公司	56789012345699

【操作提示】

客户档案的增加、修改和删除等操作步骤与供应商档案的相关操作步骤相同。

（三）存货信息

1. 存货分类（见表7）

表7　存货分类

存货分类编码	存货分类名称
1	原材料
2	库存商品

【操作提示】

在企业应用平台中，执行"基础设置→基础档案→存货→存货分类"指令，进入"存货分类设置"主界面，单击"增加"按钮，在编辑区输入分类编码和名称等分类信息，单击"保存"按钮，保存此次增加的客户分类。再次单击"增加"按钮，可继续增加其他分类信息。

2. 计量单位（见表8）

表8　计量单位

计量单位组	计量单位编号	计量单位名称
01 基本计量单位（无换算率）	1	件
	2	千克

【操作提示】

在企业应用平台中，执行"基础设置→基础档案→存货→计量单位"指令，进入"计量单位设置"主界面。

（1）单击"分组"按钮，弹出"设置计量单位组"界面，单击"增加"按钮，输入计量单位组编码和组名称，单击"保存"按钮，保存添加的内容。

（2）设置计量单位。在计量单位设置主界面的左边选择要增加的计量单位所归属的组名后，单击"单位"按钮，弹出计量单位设置界面；单击"增加"按钮，录入计量相关信息后，单击"保存"按钮，保存添加的内容。

3. 存货档案（见表9）

表9　存货档案

存货编码	存货名称	所属分类码	计量单位	税率	存货属性
101	A 材料	1	千克	13%	外购、生产耗用
102	B 材料	1	千克	13%	外购、生产耗用
103	C 材料	1	千克	13%	外购、生产耗用
201	甲产品	2	件	13%	自制、销售
202	乙产品	2	件	13%	自制、销售

【操作提示】

在企业应用平台中，执行"基础设置→基础档案→存货→存货档案"指令，进入"存货档案设置"窗口，在左边的树形列表中选择一个末级的存货分类（如果在建立账套时设置存货不分类，则没有此树型列表，不用进行选择），单击"增加"按钮，在打开的对话框中填写相关内容后，单击"保存"按钮，保存此次增加的存货档案信息，或单击"保存并新增"按钮保存此次增加的存货档案信息，并增加空白页供继续录入其他存货信息。

（四）会计科目设置

对照系统中预置的科目表，增加表10中的会计科目。

表10　锦华公司会计科目

科目编码	科目名称	计量单位	辅助账类型	账页格式
1001	库存现金			
1002	银行存款			金额式
1121	应收票据		客户往来	金额式
1122	应收账款		客户往来	金额式
1123	预付账款		供应商往来	金额式
1221	其他应收款			金额式
122101	张三			金额式
1231	坏账准备			金额式
123101	应收账款			金额式
1402	在途物资			金额式
140201	A 材料			金额式
140202	B 材料			金额式

续表

科目编码	科目名称	计量单位	辅助账类型	账页格式
1403	原材料			金额式
140301	A材料	千克		数量金额式
140302	B材料	千克		数量金额式
1405	库存商品			金额式
140501	甲产品	件		数量金额式
140502	乙产品	件		数量金额式
1601	固定资产			金额式
1602	累计折旧			金额式
1604	在建工程			金额式
160401	厂房			金额式
160402	需安装的机器设备			金额式
1701	无形资产			金额式
1702	累计摊销			金额式
2001	短期借款			金额式
2201	应付票据		供应商往来	金额式
2202	应付账款		供应商往来	金额式
2203	预收账款		客户往来	金额式
2211	应付职工薪酬			金额式
221101	工资			金额式
221102	职工福利			金额式
2221	应交税费			金额式
222101	应交增值税			金额式
22210101	进项税			金额式
22210102	销项税			金额式
222102	未交增值税			金额式
222103	教育费附加			金额式
222104	应交所得税			金额式
222105	应交城建税			金额式
2231	应付利息			金额式
2241	其他应付款			金额式
224101	供电公司			金额式
2501	长期借款			金额式

科目编码	科目名称	计量单位	辅助账类型	账页格式
250101	本金			金额式
4001	实收资本			金额式
400101	东湖公司			金额式
400102	东海公司			金额式
400103	南海公司			金额式
4002	资本公积			金额式
400201	资本溢价			金额式
400202	其他资本公积			金额式
4101	盈余公积			金额式
410101	法定盈余公积			金额式
4103	本年利润			金额式
4104	利润分配			金额式
410401	未分配利润			金额式
410402	提取法定盈余公积			金额式
410403	应付现金股利			金额式
5001	生产成本			金额式
500101	甲产品			金额式
500102	乙产品			金额式
5101	制造费用			金额式
6001	主营业务收入			金额式
6051	其他业务收入			金额式
605101	A 材料			金额式
605102	B 材料			金额式
6301	营业外收入			金额式
6401	主营业务成本			金额式
6402	其他业务成本			金额式
640201	A 材料			金额式
640202	B 材料			金额式
6403	税金及附加			金额式
6601	销售费用			金额式
660101	广告费			金额式
660102	工资及福利费			金额式

科目编码	科目名称	计量单位	辅助账类型	账页格式
660103	折旧费			金额式
6602	管理费用			金额式
660202	工资及福利费			金额式
660203	折旧费			金额式
660204	材料费			金额式
660205	办公费			金额式
660206	差旅费			金额式
6603	财务费用			金额式
6711	营业外支出			金额式

注：①指定现金科目：库存现金；银行存款科目：银行存款。②科目成批复制：将1405下的明细科目成批复制到6001和6401下，将6602下的明细科目全部复制到5101下。

【操作提示】

在企业应用平台中，执行"基础设置→基础档案→财务→会计科目"指令，进入"会计科目设置"主界面，单击"增加"按钮，进入会计科目编辑界面，输入科目信息，注意有辅助核算的勾选对应的辅助核算；需要采用数量金额核算的选择数量金额式账页，并选择相应的数量核算单位；单击"确定"按钮后保存相关设置。

（五）收付结算

结算方式如表11所示。

表11　收付结算

结算方式编号	结算方式名称	是否票据管理
1	现金结算	否
2	支票	否
201	现金支票	是
202	转账支票	是
3	其他	否

【操作提示】

在企业应用平台中，执行"基础设置→基础档案→收付结算→结算方式"指令，进入"结算方式设置"主界面，单击"增加"按钮，单击"保存"按钮，便可将本次增加的内容保存，并在左侧的树形结构中添加和显示。

四、总账参数

四川锦华机械有限责任公司要求进行支票控制，能使用应收、应付以及存货受控科目；在填制凭证时，自动填补凭证断号；出纳凭证必须由出纳签字；凭证必须由主管会计签字；其他参数为系统默认。

【操作提示】

在企业应用平台中，执行"业务工作→财务会计→总账→设置→选项"指令，进入总账选项参数设置界面，单击"编辑"按钮，在弹出的对话框中选择"支票控制""可以使用应收受控科目""可以使用应付受控科目""可以使用存货受控科目""自动填补凭证断号""出纳凭证必须由出纳签字""凭证必须由主管会计签字"复选按钮，单击"确定"按钮，将本次设置的内容保存。

五、期初余额

四川锦华机械有限责任公司 2023 年 12 月初总账及所属明细账期初余额如表 12 所示。

表 12　总账及所属明细账期初余额

2023 年 12 月 1 日　　　　　　　　　　　　　　　　单位：元

账户名称	借方余额	账户名称	借方余额	账户名称	贷方余额	账户名称	贷方余额
库存现金	120 000	原材料	1 000 000	短期借款	1 000 000	应付职工薪酬	570 000
银行存款	10 000 000	A 材料（8 000 千克）	400 000	应付票据	180 000	工资	500 000
应收票据	2 340 000	B 材料（20 000 千克）	600 000	北方公司	180 000	职工福利	70 000
新华公司	2 340 000	库存商品	3 000 000	应付账款	500 000	其他应付款	10 000
应收账款	3 000 000	甲产品（10 000 件）	2 000 000	南方公司	180 000	供电公司	10 000
东方公司	2 000 000	乙产品（10 000 件）	1 000 000	北方公司	320 000	实收资本	42 000 000
西方公司	1 000 000	生产成本	1 200 000	预收账款	2 000 000	东湖公司	22 000 000
预付账款	900 000	甲产品	800 000	丽江公司	1 000 000	东海公司	20 000 000
天天公司	900 000	乙产品	400 000	丽水公司	1 000 000	资本公积	500 000
其他应收款——张三	10 000	固定资产	40 000 000	应交税费	800 000	资本溢价	400 000
坏账准备	−300 000	累计折旧	−5 000 000	应交增值税	300 000	其他资本公积	100 000
应收账款	−300 000	在建工程	3 000 000	应交城建税	21 000	盈余公积—法定盈余公积	2 430 000
在途物资	200 000	厂房	3 000 000	教育费附加	9 000	利润分配	600 000
A 材料	120 000	无形资产	1 000 000	应交所得税	470 000	未分配利润	600 000
B 材料	80 000	累计摊销	−200 000	应付利息	30 000	本年利润	9 650 000
资产合计：60 270 000				负债及所有者权益合计：60 270 000			

【操作提示】

在企业应用平台中，执行"业务工作→财务会计→总账→设置→期初余额"指令，进入"期初余额"录入界面，单击需要输入数据的余额栏，直接输入数据。有辅助核算的科目余额，需双击对应余额栏，进入其辅助期初余额界面，单击"往来明细"按钮，进入

"期初往来明细"录入界面录入辅助核算的各明细余额，录完后单击"汇总"按钮，再单击"退出"按钮，系统自动将应收账款各明细的余额汇总填入其期初余额栏。录完所有余额后，单击"试算"按钮进行试算平衡；单击"对账"按钮检查总账、明细账、辅助账的期初余额是否一致。

六、凭证类别

四川锦华机械有限责任公司的记账凭证类型为通用记账凭证。

【操作提示】

在企业应用平台中，执行"基础设置→基础档案→财务→凭证类别"指令，进入"凭证类别设置"主界面，选择"记账凭证"后，单击"确定"按钮保存设置。

七、日常业务

锦华公司 2023 年 12 月日常经济业务如下：

（1）锦华公司收到东湖公司作为资本投入的资金 5 000 000 元，款项已通过转账支票全部存入银行。

借：银行存款	5 000 000	
贷：实收资本——东湖公司		5 000 000

（2）锦华公司收到东湖公司投入设备一台，收到的增值税专用发票注明该机器设备的价值为 1 000 000 元，增值税为 130 000 元。

借：固定资产	1 000 000	
应交税费——应交增值税（进项税额）	130 000	
贷：实收资本——东湖公司		1 130 000

（3）锦华公司收到东海公司投入原材料 A 材料 10 000 千克，收到的增值税专用发票注明该批材料的价值为 500 000 元，增值税为 65 000 元。

借：原材料——A 材料	500 000	
应交税费——应交增值税（进项税额）	65 000	
贷：实收资本——东海公司		565 000

（4）锦华公司收到西海公司投入一项专利权，收到的增值税专用发票注明该专利权的价值为 500 000 元，增值税为 30 000 元。

借：无形资产	500 000	
应交税费——应交增值税（进项税额）	30 000	
贷：实收资本——西海公司		530 000

（5）锦华公司收到南海公司作为资本投入的资金 1 500 000 元，根据投资协议，该投资在注册资本中所占份额为 1 200 000 元，款项已全部通过转账存入银行。

借：银行存款	1 500 000	
贷：实收资本——南海公司		1 200 000
资本公积——资本溢价		300 000

（6）锦华公司从工商银行借入期限 6 个月、年利率为 6%的借款 200 000 元，款项已

存入银行。

借：银行存款　　　　　　　　　　　　　　　　　200 000

　　贷：短期借款　　　　　　　　　　　　　　　　　　200 000

（7）锦华公司从工商银行借入期限3年、年利率为9%的借款1 000 000元，款项已存入银行。

借：银行存款　　　　　　　　　　　　　　　　　1 000 000

　　贷：长期借款——本金　　　　　　　　　　　　　　1 000 000

（8）锦华公司支付上月已计提的短期借款利息共30 000元。

借：应付利息　　　　　　　　　　　　　　　　　30 000

　　贷：银行存款　　　　　　　　　　　　　　　　　　30 000

（9）锦华公司向工商银行偿还一笔到期的短期借款80 000元。

借：短期借款　　　　　　　　　　　　　　　　　80 000

　　贷：银行存款　　　　　　　　　　　　　　　　　　80 000

（10）锦华公司购入W1型设备一台，不需要安装，增值税发票注明买价400 000元，增值税额为52 000元，运杂费和装卸费20 000元，全部款项以转账支票支付，该设备已运到企业并投入使用。

借：固定资产　　　　　　　　　　　　　　　　　420 000

　　应交税费——应交增值税（进项税额）　　　　　52 000

　　贷：银行存款　　　　　　　　　　　　　　　　　　472 000

（11）锦华公司购入W2型设备一台，需要安装，增值税发票注明买价400 000元，增值税额为52 000元，运杂费和装卸费20 000元，全部款项以转账支票支付，该设备已运到企业并准备开始安装。假定安装过程中发生安装调试费30 000元。

①购入时：

借：在建工程　　　　　　　　　　　　　　　　　420 000

　　应交税费——应交增值税（进项税额）　　　　　52 000

　　贷：银行存款　　　　　　　　　　　　　　　　　　472 000

②以银行存款支付安装调试费时：

借：在建工程　　　　　　　　　　　　　　　　　30 000

　　贷：银行存款　　　　　　　　　　　　　　　　　　30 000

③安装完毕交付使用时：

借：固定资产　　　　　　　　　　　　　　　　　450 000

　　贷：在建工程　　　　　　　　　　　　　　　　　　450 000

（12）锦华公司从北方公司购入A材料1 000千克，收到的增值税专用发票上注明价款50 000元，增值税税率为13%，增值税额6 500元，合计565 000元，另发生材料装卸费、保险费1 000元，上述款项以转账支票支付，材料已运达企业并验收入库。

借：原材料——A材料　　　　　　　　　　　　　51 000

　　应交税费——应交增值税（进项税额）　　　　　6 500

　　贷：银行存款　　　　　　　　　　　　　　　　　　57 500

（13）锦华公司从北方公司购入 B 材料 1 000 千克，收到的增值税专用发票上注明价款30 000元，增值税税率为 13%，增值税额 3 900 元；另外购进该批材料取得货物运输业增值税专用发票注明运费 1 000 元，增值税额 100 元，款项尚未支付，材料尚未验收入库。

借：在途物资——B 材料	31 000	
应交税费——应交增值税（进项税额）	4 000	
贷：应付账款——北方公司		35 000

（14）锦华公司从北方公司购入 A 材料 1 000 千克，收到的增值税专用发票上注明价款50 000元，增值税税率为 13%，增值税额 6 500 元；另外购进该批材料取得货物运输业增值税专用发票注明运费 1 000 元，增值税额 100 元，锦华公司开出一张商业承兑汇票用于支付上述款项，材料已运达企业并验收入库。

借：原材料——A 材料	51 000	
应交税费——应交增值税（进项税额）	6 600	
贷：应付票据——北方公司		57 600

（15）前所购 B 材料运抵企业并验收入库。

借：原材料——B 材料	31 000	
贷：在途物资——B 材料		31 000

（16）锦华公司开出转账支票一张，偿还前欠北方公司的购料款 320 000 元。

借：应付账款——北方公司	320 000	
贷：银行存款		320 000

（17）锦华公司根据合同规定，以银行存款 92 800 元预付南方公司购买 A 材料款。

借：预付账款	92 800	
贷：银行存款		92 800

（18）前购 A 材料已运抵企业验收入库，南方公司开出的增值税专用发票载明 A 材料1 600千克，每千克 50 元，价款 80 000 元，增值税款 10 400 元，价税合计为 90 400 元。

借：原材料——A 材料	80 000	
应交税费——应交增值税（进项税额）	10 400	
贷：预付账款		90 400

（19）锦华公司通过银行转账支付上月工资 500 000 元。

借：应付职工薪酬——工资	500 000	
贷：银行存款		500 000

（20）锦华公司支付职工生活困难补助费 3 000 元。

借：应付职工薪酬——职工福利	3 000	
贷：库存现金		3 000

（21）锦华公司向西方公司销售 1 000 件甲产品，每件售价为 400 元。开出的增值税专用发票上注明价款 400 000 元，增值税额 52 000 元。全部款项已通过银行转账收讫。

借：银行存款	452 000	
贷：主营业务收入——甲产品		400 000
应交税费——应交增值税（销项税额）		52 000

（22）锦华公司向东方公司销售乙产品 1 000 件，每件售价 300 元，开出的增值税专用发票上注明价款 300 000 元，增值税额 39 000 元，收到东方公司签发的一张期限为 6 个月的商业承兑汇票。

借：应收票据——东方公司	339 000
贷：主营业务收入——乙产品	300 000
应交税费——应交增值税（销项税额）	39 000

（23）锦华公司持有的新华公司开出的商业汇票到期，收回货款 2 340 000 元存入银行。

借：银行存款	2 340 000
贷：应收票据——新华公司	2 340 000

（24）12 月 6 日，锦华公司开出转账支票一张，支付产品的广告费 100 000 元。

借：销售费用——广告费	100 000
贷：银行存款	100 000

（25）行政管理部门领用 A 材料 40 千克，共 2 000 元。

借：管理费用——材料费	2 000
贷：原材料——A 材料	2 000

（26）锦华公司用转账支票购入行政管理部门需要的办公用品 3 000 元。

借：管理费用——办公用费	3 000
贷：银行存款	3 000

（27）财务经理张三预借差旅费 5 000 元，以库存现金支付。

借：其他应收款——张三	5 000
贷：库存现金	5 000

（28）张三出差回来报销差旅费 4 500 元，余款退回现金。

借：管理费用——差旅费	4 500
库存现金	500
贷：其他应收款——张三	5 000

（29）因对方违约，锦华公司获得违约金 10 000 元存入银行。

借：银行存款	10 000
贷：营业外收入	10 000

（30）开出转账支票一张，向希望工程捐款 30 000 元。

借：营业外支出	30 000
贷：银行存款	30 000

（31）公司计提本期行政管理部门所使用的固定资产折旧 30 000 元。

借：管理费用——折旧费	30 000
贷：累计折旧	30 000

（32）12 月 31 日，经汇总计算，锦华公司本月生产领用材料共计 290 000 元，其中：领用 A 材料 4 000 千克，共 200 000 元，全部用于甲产品的生产；领用 B 材料 3 000 千克，共 90 000 元，全部用于乙产品的生产。

借：生产成本——甲产品　　　　　　　　　　　　　　　200 000

　　　　　　——乙产品　　　　　　　　　　　　　　　 90 000

　　贷：原材料——A 材料　　　　　　　　　　　　　　200 000

　　　　　　——B 材料　　　　　　　　　　　　　　　 90 000

（33）12 月 31 日，经结算本月应付生产工人工资 500 000 元，其中，生产甲产品工人工资 300 000 元，生产乙产品工人工资 200 000 元。按上述工资总额的 14% 提取职工福利费 70 000 元。其中，生产甲产品工人的福利费为 42 000 元，生产乙产品工人的福利费为 28 000 元。

借：生产成本——甲产品　　　　　　　　　　　　　　　342 000

　　　　　　——乙产品　　　　　　　　　　　　　　　228 000

　　贷：应付职工薪酬——工资　　　　　　　　　　　　500 000

　　　　应付职工薪酬——职工福利　　　　　　　　　　 70 000

（34）12 月 31 日，锦华公司计提本月短期借款利息共 30 000 元。

借：财务费用　　　　　　　　　　　　　　　　　　　　 30 000

　　贷：应付利息　　　　　　　　　　　　　　　　　　 30 000

（35）12 月 31 日，锦华公司计提本月的长期借款利息共 7 500 元。

借：财务费用　　　　　　　　　　　　　　　　　　　　　7 500

　　贷：长期借款——应计利息　　　　　　　　　　　　　7 500

（36）12 月 31 日，车间本月累计发生办公费 1 000 元、水电费 2 500 元、劳动保险费 1 500 元，共计 5 000 元，锦华公司通过银行存款支付。

借：制造费用　　　　　　　　　　　　　　　　　　　　　5 000

　　贷：银行存款　　　　　　　　　　　　　　　　　　　5 000

（37）12 月 31 日，车间管理一般耗用领用 B 材料 300 千克，共 9 000 元。

借：制造费用　　　　　　　　　　　　　　　　　　　　　9 000

　　贷：原材料——B 材料　　　　　　　　　　　　　　　9 000

（38）锦华公司为生产车间租入了机器设备一台，租期半年，每月租金 3 000 元。12 月 31 日，企业以银行存款支付租金 3 000 元。

借：制造费用　　　　　　　　　　　　　　　　　　　　　3 000

　　贷：银行存款　　　　　　　　　　　　　　　　　　　3 000

（39）12 月 31 日，核算本期车间管理人员工资共计 5 000 元，并按车间管理人员工资总额的 14% 计提职工福利费。

借：制造费用　　　　　　　　　　　　　　　　　　　　　5 700

　　贷：应付职工薪酬——工资　　　　　　　　　　　　　5 000

　　　　　　　　——职工福利　　　　　　　　　　　　　　700

（40）12 月 31 日，计提本期车间使用的房屋、机器设备等固定资产的折旧 8 300 元。

借：制造费用　　　　　　　　　　　　　　　　　　　　　8 300

　　贷：累计折旧　　　　　　　　　　　　　　　　　　　8 300

（41）12 月 31 日，锦华公司按照规定计算出本期应负担的城市维护建设税 7 000 元，教育费附加费为 3 000 元。

> 借：税金及附加 10 000
> 　　贷：应交税费——应交城市维护建设税 7 000
> 　　　　　　　——应交教育费附加 3 000

（42）12 月 31 日，经计算本期应付给销售机构人员工资 50 000 元，并计提职工福利费 7 000 元。本期应付行政管理人员工资 20 000 元，应提取的职工福利费 2 800 元。

> 借：销售费用——工资及福利费 57 000
> 　　管理费用——工资及福利费 22 800
> 　　贷：应付职工薪酬——工资 70 000
> 　　　　　　　——职工福利 9 800

（43）12 月 31 日，计提本期销售机构的固定资产折旧 8 000 元。

> 借：销售费用——折旧费 8 000
> 　　贷：累计折旧 8 000

（44）12 月 31 日，锦华公司销售不需要的 B 材料 2 000 千克，开出的增值税专用发票上注明价款 100 000 元，增值税额 13 000 元。全部款项已通过银行转账收讫。

> 借：银行存款 113 000
> 　　贷：其他业务收入——B 材料 100 000
> 　　　　应交税费——应交增值税（销项税额） 13 000

（45）上述出售的 B 材料成本为 60 000 元。

> 借：其他业务成本——B 材料 60 000
> 　　贷：原材料——B 材料 60 000

要求：上述业务必须填制凭证、审核凭证、出纳签字、主管签字和记账。

八、期末处理

（一）银行对账（见表 13）

表 13　锦华公司 2023 年 12 月银行对账单

月	摘　要	结算号	借方	贷方
	月初余额（10 000 000 元）			
12	收到东湖公司作为资本投入的资金	转账支票	5 000 000	
12	收到南海公司作为资本投入的资金	转账支票	1 500 000	
12	从工商银行借入期限 6 个月、年利率为 6% 的借款	其他	200 000	
12	从工商银行借入期限 3 年、年利率为 9% 的借款	其他	1 000 000	
12	支付上月已计提的短期借款利息			30 000
12	向工商银行偿还一笔到期的短期借款			80 000
12	购入 W1 型设备一台，不需要安装			472 000

续表

月	摘　要	结算号	借方	贷方
12	购入 W2 型设备一台，需要安装			472 000
12	以银行存款支付安装调试费			30 000
12	从北方公司购入 A 材料 1 000 千克	转账支票		67 500
12	开出转账支票一张，偿还前欠北方公司的购料款	转账支票		320 000
12	根据合同规定，以银行存款 92 800 元预付南方公司购买 A 材料款	转账支票		92 800
12	通过银行转账支付上月工资	其他		500 000
12	车间累计发生本月办公费	转账支票		5 000
12	以银行存款支付租金	转账支票		3 000
12	向西方公司销售 1 000 件甲产品	转账支票	452 000	
12	收到东方公司订货款	其他	50 000	
12	代付供电公司电费	其他		10 000
12	销售不需要的 B 材料	转账支票	113 000	
12	用转账支票购入行政管理部门需要用的办公用品	转账支票		3 000
12	开出转账支票一张，向希望工程捐款	转账支票		30 000
12	获得违约金 10 000 元存入银行	其他	10 000	

要求：手工录入银行对账单，进行自动和手工对账，生成银行存款余额调节表（见表14）。

表 14　锦华公司 2023 年 12 月银行存款余额调节表

单位日记账项目	单位日记账余额	银行对账单项目	银行对账单余额
调整前余额：	16 298 900.00	调整前余额：	16 204 900.00
加：银行已收，企业未收	50 000.00	加：企业已收，银行未收	234 000.00
减：银行已付，企业未付	10 000.00	减：企业已付，银行未付	100 000.00
调整后余额：	16 338 900.00	调整后余额：	16 338 900.00

（二）期末自动转账

锦华公司 2023 年 12 月末自动转账业务如下：

（46）12 月 31 日，汇总本月制造费用，按甲、乙产品工人的工资比例，进行分摊计入甲、乙产品的成本。（通过自定义转账完成）

制造费用 = 5 000+8 000+3 000+5 700+8 300 = 30 000（元）

甲产品分配的制造费用 = 30 000×300 000÷500 000 = 18 000（元）

乙产品分配的制造费用 = 30 000×200 000÷500 000 = 12 000（元）

借：生产成本——甲产品   18 000

　　　　　——乙产品   12 000

　　贷：制造费用   30 000

（47）12月31日，本月投产的甲产品2 000件，乙产品2 000件全部完工并验收入库，结转其实际成本。（通过对应结转完成）

甲产品成本＝200 000＋342 000＋18 000 ＝ 560 000（元）

乙产品成本＝90 000＋228 000＋12 000 ＝330 000（元）

借：库存商品——甲产品   560 000

　　　　　——乙产品   330 000

　　贷：生产成本——甲产品   560 000

　　　　　　——乙产品   330 000

（48）12月31日，经计算本期已销的甲产品1 000件；已销的乙产品1 000件。（通过销售成本自动结转，发出成本采用加权平均法）

借：主营业务成本——甲产品   213 333.33

　　　　　　——乙产品   110 833.33

　　贷：库存商品——甲产品

　　213 333.33 [2 000 000 ＋ 560 000)/（10 000 ＋ 2 000）× 1 000]

　　　　　　——乙产品

　　110 833.33 [1 000 000 ＋ 330 000)/（10 000 ＋ 2 000）× 1 000]

（49）12月31日，将本期收入、利得转入"本年利润"账户。（通过"期间损益结转"自动结转）

借：主营业务收入——甲产品   400 000

　　　　　　——乙产品   300 000

　　其他业务收入——B 材料   100 000

　　营业外收入   10 000

　　贷：本年利润   810 000

（50）12月31日，将本期费用、损失转入"本年利润"账户。（自动完成）

借：本年利润   688 966.66

　　贷：主营业务成本——甲产品   213 333.33

　　　　　　——乙产品   110 833.33

　　　　其他业务成本——B 材料   60 000

　　　　税金及附加   10 000

　　　　销售费用   165 000（100 000＋57 000＋8 000）

　　　　管理费用   62 300（22 800＋30 000＋2 000＋3 000＋4 500）

　　　　财务费用   37 500（30 000＋7 500）

　　　　营业外支出   30 000

（51）12月31日，企业按25%的税率计算本期应缴纳的所得税费用。（自动完成——自定义）

利润总额=810 000-688 966.66 =121 033.34（元）

本期应交所得税=利润总额×所得税率=121 033.34×25%=30 258.34（元）

借：所得税费用　　　　　　　　　　　　　　　30 258.34

　　贷：应交税费——应交所得税　　　　　　　　　　　30 258.34

（52）12月31日，企业将本期应计入损益的所得税费用30 258.34元转入"本年利润"账户。（通过"对应结转"自动完成）

借：本年利润　　　　　　　　　　　　　　　　30 258.34

　　贷：所得税费用　　　　　　　　　　　　　　　　　30 258.34

（53）12月31日，企业将净利润从"本年利润"账户转入"利润分配——未分配利润"账户。（通过自定义结转自动完成）

净利润=利润总额-所得税费用=121 033.34-30 258.34=90 775（元）

借：本年利润　　　　　　　　　　　　　　　　90 775

　　贷：利润分配——未分配利润　　　　　　　　　　　90 775

（54）12月31日，企业按照净利润的10%提取法定盈余公积。（通过自定义结转自动完成）

本期应计提的法定盈余公积=净利润×10%=90 775×10%=9 077.50（元）

借：利润分配——提取法定盈余公积　　　　　　9 077.50

　　贷：盈余公积 ——法定盈余公积　　　　　　　　　　9 077.50

（55）12月31日，企业决定以净利润的20%向投资者分配现金股利。（通过自定义结转自动完成）

本期应分配的现金股利=净利润×20%=90 775×20%=18 155（元）

借：利润分配——应付现金股利　　　　　　　　18 155

　　贷：应付股利　　　　　　　　　　　　　　　　　　18 155

（56）12月31日，结转本年已分配的利润至"利润分配——未分配利润"账户，计算累计未分配利润。（自动完成—自定义）

借：利润分配——未分配利润　　　　　　　　　27 232.50

　　贷：利润分配——提取法定盈余公积　　　　　　　　9 077.50

　　　　　　　——应付现金股利　　　　　　　　　　　18 155.00

"利润分配——未分配利润"的余额为=90 775-27 232.50=63 542.50（元）

（三）试算平衡与对账

（四）结账

（五）账表查询

查询记账凭证、科目汇总表，查询科目账，如三栏式明细账和总账、余额表、数量金额式明细账、多栏式明细账、往来明细账等。

九、报表编制

编制四川锦华机械有限责任公司的资产负债表（见图1）和损益表（见图2）。

资产负债表

单位名称：四川锦华机械有限责任公司　　2023年12月31日

会工01表
单位：元

资　　产	行次	年初数	期末数	负债及所有者权益	行次	年初数	期末数
流动资产：				流动负债：			
货币资金	1	10,120,000.00	18,532,200.00	短期借款	51	1,000,000.00	1,120,000.00
交易性金融资产	2			应付票据	52	180,000.00	237,600.00
应收票据	3	2,340,000.00	339,000.00	应付账款	53	500,000.00	215,000.00
应收账款	4	2,700,000.00	2,700,000.00	预收账款	54	2,000,000.00	2,000,000.00
预付账款		900,000.00	902,400.00	应付职工薪酬	55	570,000.00	722,500.00
应收利息				应交税费	56	800,000.00	587,758.34
应收股利	7			应付利息	55	30,000.00	30,000.00
其他应收款	8	10,000.00	10,000.00	应付股利	58		18,151.00
存货	9	5,400,000.00	6,318,833.34	其他应付款	59	10,000.00	10,000.00
持有待售资产	10			持有待售负债	60		
一年内到期的非流动资产	11			一年内到期的非流动负债	61		
其他流动资产	12			其他流动负债	62		
流动资产合计	13	21470000.00	28802433.34	流动负债合计	63	5,090,000.00	4,941,009.34
	14				70		
非流动资产：	20			非流动负债：			
可供出售金融资产				长期借款	71		1,007,500.00
长期投资	21			应付债券	72		
长期应收款				长期应付款	73		
长期股权投资	24			专项应付款	80		
投资性房地产				预计负债	81		
固定资产		35,000,000.00	36,823,700.00	递延收益	83		
在建工程	27	3,000,000.00	3,000,000.00	递延所得税负债			
工程物资	28		演示数据	其他非流动负债	85		
固定资产清理	29			非流动负债合计	86		1,007,500.00
生产性生物资产	35			负债合计			
油气资产	31				91		
无形资产	36	800,000.00	1,300,000.00	所有者权益：	92		
研发支出	37			实收资本（或股本）	93	42,000,000.00	50,425,000.00
商誉	34			资本公积	94	500,000.00	800,000.00
长期待摊费用	35			盈余公积	95	2,430,000.00	2,439,077.50
递延所得税资产	41			其他综合收益	96		
其他非流动资产				未分配利润		10,250,000.00	10,313,546.50
非流动资产合计	42	38800000.00	41123700.00	所有者权益合计		55,180,000.00	63,977,624.00
资产总计	45	60,270,000.00	69,926,133.34	负债及所有者权益总计	100	60,270,000.00	69,926,133.34

图1　四川锦华机械有限责任公司2023年12月31日资产负债表

损益表

单位名称：四川锦华机械有限责任公司　　2023年12月

会工02表
单位：元

项　　　　目	行　次	本　月　数	本年累计
一、营业收入	1	800,000.00	
减：营业成本	2	384,166.66	
营业税金及附加	3	10,000.00	
销售费用	4	165,000.00	
管理费用	5	62,300.00	
财务费用	6	37,500.00	
资产减值损失	7		
演示数据　加：公允价值变动收益（损益以"-"号填列）	8		
投资收益	9		
二、营业利润	10	141,033.34	
加：营业外收入	11	10,000.00	
减：营业外支出	12	30,000.00	
其中：非流动资产处理损失	13		
三、利润总额	14	121,033.34	
减：所得税	15	30,258.34	
四、净利润	16	90,775.00	

一、全部税金（费）　　元；二、工资总额			
1.流转环节税金(费)　　元；　其中奖金实发			
其中：增值税　　元；　　其中转正青年			人；
2.所得环节税金（费）　　元；　2.临时职工			人；

图2　四川锦华机械有限责任公司2023年12月损益表

参 考 文 献

[1] 陈英蓉. 会计电算化实务 [M]. 4 版. 成都：西南财经大学出版社，2022.

[2] 陈英蓉. 中级会计电算化实务 [M]. 2 版. 成都：西南财经大学出版社，2020.

[3] 朱波强，段雪梅. 会计学基础 [M]. 北京：科学出版社，2016.

[4] 冯建. 会计学基础 [M]. 北京：高等教育出版社，2018.